죽음의 철학

SHI NO TETSUGAKU
by Takao EGAWA

Copyright © 2005 by Takao EGAWA
First published in Japan in 2005 by Kawade Shobo Shinsha, Publishers, Tokyo
Korean translation rights arranged with Kawade Shobo Shinsha, Publishers, Tokyo
through Japan Foreign-Rights Centre/Shinwon Agency Co.

죽음의 철학

발행일 초판1쇄 2019년 12월 13일 | **지은이** 에가와 다카오 | **옮긴이** 이규원
펴낸곳 (주)그린비출판사 | **펴낸이** 유재건 | **주소** 서울시 마포구 와우산로 180, 4층
주간 임유진 | **편집·마케팅** 방원경, 신효섭, 이지훈, 홍민기 | **디자인** 전혜경 | **경영관리** 유하나 | **물류유통** 유재영, 이다윗
전화 02-702-2717 | **팩스** 02-703-0272 | **이메일** editor@greenbee.co.kr | **신고번호** 제2017-000094호
ISBN 978-89-7682-599-5 93100
이 도서의 국립중앙도서관 출판시도서목록(CIP)은 서지정보유통지원시스템 홈페이지(http://seoji.nl.go.kr)와 국가자료공
동목록시스템(http://www.nl.go.kr/kolisnet)에서 이용하실 수 있습니다.(CIP제어번호: CIP2019042840)

철학이 있는 삶 **그린비출판사** www.greenbee.co.kr

죽음의 철학

에가와 다카오 지음
이규원 옮김

리좀총서 II
08

그린비

차례

일러두기

1 이 책은 江川隆男, 『死の哲学』(河出書房新社, 2005)를 완역한 것이다.

2 대괄호([ ])는 옮긴이가 독자의 편의를 위해 추가한 것이며, 굽은대괄호(〔 〕)는 지은
이가 사용한 것이다.

3 단행본·정기간행물에는 겹낫표(『 』)를, 논문·단편·미술작품·연극·영화 제목 등
에는 낫표(「 」)를 사용했다.

4 외국 인명과 지명, 작품명은 2002년 국립국어원에서 펴낸 외래어표기법을 따랐다.

『죽음의 철학』 주요개념집

강도 / 강도=0

강도強度는 특히 들뢰즈적인 문제 범위에서는, 혹은 병행론의 문제틀에서는 사유와 신체와 이미지, 이 세 가지에 관계된다. 사유의 문제에서 강도는 오로지 외연량과 내포량에 대한 제3의 양量 개념이나 '연장延長의 모태'로서 생각되고, 그 특성은 물리적이고 표상 불가능한 개념으로서 제시된다. 강도란 차이를 긍정함과 동시에 그 차이가 포함하는 내포적 거리로서 규정되는 '부등不等한 것 그 자체'다. 거기서 우리에게 존재의 깊이를 지각시키는 것은 감각되는 강도의 점감漸減인데, 그 끝에서는 강도의 차이가 외연적으로 즉시 소멸된다. 그러나 이미지 없이, 혹은 이미지를 공급하는 신체적 운동 없이 탐구된 이 '강도' 개념이 어느 한 신체 즉 탈기관체와 관련지어질 때, 강도는 바로 이 신체로의 낙하·소멸이라는 문제에 있어서 그 진정한 본성이 분명해진다. 신체는 죽음의 모델이라고 할 수 있다. 따라서 강도를 이러한 죽음 아래에서 생각한다면 사태는 아주 달라진다. 강도는 이중으로 죽음을 맞이한다(6절). 신체의 존재에서 강도는 그 신체의 존재를 중심으로 외연량(가로=좌·우, 세로=상·하)과 내포량(안길이=전경·배경)으로서 전개되지만, 거기서 강도는 언제나 칸트적인 '부정성否定性=0'으로 혹은 '부否-존재'(즉 존재하지 **않는** 것)로 해소되고 소멸되는 방향성을 갖는다. 반면 신체의 본질에서 강도는 이러한 양과 질로부터 해방되어 그 본질이 존재를 포함하지 않는 양태의 본질로서 '강도=0'으로 혹은 '비非-존재'(즉 **존재하지 않는** 것)로 낙하하고 최후에는 소멸한다 ─ 죽음이 생성된다(5절). 이 낙하는 강도의 본성, 필연성이다. 신체의 존재에서 설령 우리의 감각의 정도가 더 높은 방향을 향하는 경우일지라도 그 더 높은 정도를 우리가 감각하고 경험하는 것은, 강도의 본성에서 그 고유한 수준이 '강도=0'에 점점 가까워짐으로써(즉 '강도=0'과의 사이에 '최단' 또는 '최근'이라는 내포적 거리를 둠으로써) 즉 절대적으로 낙하함으로써 이루어진다. 마지막으로, 이처럼 낙하할 때 내뱉어지는 것이 이미지이며, 이때 비로소 이미지는 긍정되어야 할 것이 된다. 거기서 모든 이미지는 죽음의 이미지가 되고 죽음의 경험은 이러한 이미지로부터 구성된다. 내재적 실체로서 탈기관체 즉 '강도=0'이란 **그 본질이 존재를 포함하는 것**의 다른 이름이다. 따라서 본서에서 주장하는 양태 수준에서의 자기원인의 발생은 다음과 같이 표현할 수 있다. 즉 **그 존재의 방식이 본질의 형태를 포함하는 것**(실체의 경우 본질과 존재의 순서가 바뀌는 것에 주의하기 바란다)이 탈기관체를 투사하고 투여[備給]하는 것이라고(6절).

자기원인(양태로서의 자기원인)

스피노자는 다음과 같이 말한다. "나는 자기원인이란 그 본질이 존재를 포함하는 것, 혹은 그 본성이 존재한다고 생각할 수밖에 없는 것이라고 이해한다."(『에티카』, 1부, 정의 1) 자기원인이란, 실체에 관해 말해지는 원인의 개념이다. 왜냐하면 실체란 다른 원인 혹은 외부의 원인 없이 존재할 수 있는 유일한 것이기 때문이다. 따라서 자기원인으로서 생각되는 실체의 그 본질이란 바로 존재 그 자체, 즉 절대적으로 존재하는 역능이다. 그러므로 실체의 본질과 그 존재 간의 구별은 실재적 구별도 양태적 구별도 아니고 사유적인 구별에 불과하다고 여겨진다. 반면 양태란 실체 또는 그 속성의 변양이며 양태의 본질은 그 존재를 포함하지 않는다고 생각된다. 삼각형의 본질이 개념적으로 정의되었을지라도 실제로 그 삼각형이 반드시 존재한다고 할 수는 없고, 인간의 본질이 '사회적 동물'이나 '웃는 동물'로서 표상적으로 언명되었을지라도 현실에 인간이 꼭 존재한다고 할 수는 없기 때문이다. 왜냐하면 양태가 존재하기 위해서는 반드시 외부의 원인(앞서 든 예로 말하자면 작도하는 자, 출산하는 자)이 필요하기 때문이다. 한편 본서에서 제기하는 아르토 문제(4절, 6절)란, 스피노자 철학을 구성하는 이러한 중요한 개념을 사용하여 표현한다면, 양태로서의 한 인간이 외부의 존재에 의해서가 아니라 자기원인으로서, 하지만 어디까지나 양태 아래에서 어떻게 스스로 태어나 스스로 죽을 수 있는지를, 즉 자기촉발을 넘어선 '자기재생'을 제기하는 것이다. 그것은 이른바 생성변화의 문제인데, 특히 이 경우 양태로서의 자기원인은 필연적으로 '다른 신체'로의 변화라는 분신론(또는 존재의 방식과 본질의 변형의 이중성)의 문제를 구성하는 것이다.

존재의 방식 / 본질의 변형

철학적으로 무언가를 쓴다는 것은 의식적이든 무의식적이든 끊임없이 그 사항의 본질에 관한 규정적 언명 즉 어떠한 정의 없이는 불가능하다. 그때 본질은 대체로 다음과 같은 두 가지 방식으로 정립될 것이다. 하나는 명목적으로 규정된 본질이다. 그것은 예를 들면 인간의 본질을 '사회적 관계들의 총체'나 '언어를 구사하는 동물'이나 '웃는 동물' 등과 같이 인간의 존재에 공통되는 표상을 사용하여 규정하는 것이다. 하지만 이로부터 그 본질의 아포스테리오리a posteriori한 실재적 정의로 향할 수 있다. 즉 그것은 이렇게 명목적으로 규정된 본질 즉 그 표상적 본질을 우리의 어떤 존재의 방식이 변이함에 따라 그 존재의 본질까지도 변형해버리는 식으로 하나의 연속변화의 상相을 가져옴으로써 이루어진다(3절, 4절). 또 하나는 힘의 개념 등에 따라 아프리오리a priori하게 또 실재적으로 규정되는 본질을 정립하는 것이다. 그것은 어떤 것의 본질을 처음부터 하나의 변양의 힘 혹은 본질의 변형이라 정의하는 것이다(머리말). 내가 여기서 강조하는 경험주의적 병행론 즉 분신론은 바로 이러한 의미에서의 두 가지 '본질의 변형'에 대한 존재의 방식의 강도적 수준을 결의=결정하는 데에 가장 큰 의의가 있다. 한편 스피노자적으로 말하면 양태의 본질은 존재를 포함하지 않는데, 이러한 양태의 존재의 방식에 의한 본질의 촉발은 다음과 같은 방식이 될 것이다. 특정한 존재의 방식, 예컨대 수동감정에서 능동감정으로의 이행 부분을 포함한 정신은 현존하고 있는 사이에 자기의 본질을 촉발하기에 이르고, 그런 한에서 바로 그 감각·경험은 우리의 사후에도 실현되고 행사되는 것이다. 하지만 내가 긍정하는 분신론 아래에서 제기해야 할 문제는 이러한 자기촉발이 아니라 가장 강한 의미에서의 즉 문자 그대로의 '자기재생'이다. 새로운 양태의 이론에서 자기원인이란 **그 존재의 방식이 본질의 변형을 포함한다는 것**이다. 그러므로 존재의 방식과 본질의 변형 간의 구별은 단순하지만 초월적으로 실행된 사유적인 구별인 것이다(4절).

병행론(분열-신체적 병행론)

정신과 신체에 관해 말해지는 병행론이란 정신과 신체 간의 실재적 인과관계 —— 즉 정신이 신체에 대해 능동적으로 작용하거나(그때 신체는 수동적이게 된다) 그 반대로도 작용한다고 생각하는 것 —— 를 부정하여 양쪽 간에는 오히려 계열상의 병행관계가 성립한다고 생각하는 것이다. "관념의 질서와 연결은 사물의 질서와 연결과 동일하다."(『에티카』, 2부, 정리 7) 따라서 병행론에서는 신체가 능동적이면 정신도 능동적이고, 정신이 수동적이면 신체도 수동적이라 파악된다. 본서에서 특히 제기하는 것은 이러한 스피노자에게서의 병행론의 사변적 적용, 즉 모든 속성에서의 양태 간 병행론(존재론적 병행론)으로부터 사유 속성에서의 양태(관념)와 연장 속성에서의 양태(그 대상) 간 병행론(우리가 알 수 있는 유일한 인식론적 병행론)으로의 전개가 아니라, 그 형성이라는 실천적 과제를 짊어진 경험론 즉 경험주의적 병행론이다. 실천적 형성인 한에서 그것은 어떠한 수준에서 그 병행관계를 실현할지가 특히 문제가 되지만, 병행관계 그 자체는 이러한 경험론으로 말하면 단순한 결과에 지나지 않을 것이다. 왜냐하면 거기서는 정신 쪽에서의 비판의 문제와 신체 쪽에서의 임상의 문제가 상정될 수 있지만, 본서에서 그것들이 포함하는 최대의 문제는 어느 쪽이든 그 존재의 수준을 변화시킴으로써 정신의 본질을 촉발하고, 나아가 신체의 본질을 변형하도록 시도된다는 점에 있기 때문이다(「욕망하는 병행론·분신론」의 세 가지 규정). 그것은 마음과 몸 사이에 단순한 '정신-물리적'psycho-physique인 평행론을 정립하는 것이 아니라, 탈기관체를 기점으로 한 '분열-신체적'schizo-corporel인 병행론 즉 분신론을 생산하는 것이다(2절).

죽음의 철학

인간의 신체가 죽을 수밖에 없는 것은 그 신체를 변형하고 변화시키는 것을 잊었기 때문이다.
그렇지 않고서야 인간의 신체는 죽지도 부수어지지도 묘지에 묻히지도 않을 것이다.
……
인간의 신체는 불멸이며 불사不死다. 그리고 그것은 변화하는 것이다.
……
어떤 신체에서 다른 신체로
신체가 쇠약해진 무력한 상태에서
신체가 강화되고 향상된 상태로.

— 앙토냉 아르토, 「연극과 과학」(1947)

우리는 이 삶에서 특히 유아기의 신체를, 그 본성이 허락하는 한 또한 그 본성에 도움이 되는 한 가장 많은 것에 유능한 다른 신체로, 그리고 자기와 신과 사물에 관해 가장 많은 것을 의식하는 정신에 관계하는 다른 신체로 변화시키려고 애쓴다.

— 스피노자, 『에티카』(1675)

머리말

슬픔의 정동군情動群을 향하여

'인간의 구제'는 하나의 문제가 아니라 하나의 해이다. 혹은 어떤 문제의 그림자에 불과하다. 그렇다면 그 문제란 무엇인가. 그것은 진정 제기되어야 할 물음을 포함한 문제일까. 어떻게 인간 본성을 변화시킬까, 즉 어떻게 인간의 정신과 신체의 본질을 변형시킬까, 아마도 이것이 인간의 구제를 하나의 해나 그림자로 만드는 문제일 것이다. 그러나 이것만으로는 이 문제가 물음의 힘을 지니고 있다고는 아직 말할 수 없을 것이다. 왜냐하면 물어져야 할 힘을 지닌 문제는 이경우 인간 본성의 변화 또는 인간 본질의 변형을 실재적으로 가능케하는 요소를 어떻게 우리 자신이 발생시킬지, 혹은 어떻게 우리 자신이 그러한 발생적 요소로 생성변화할지 다시 제기되어야 하기 때문이다. 그러면 본질의 변형을 발생시키는 실재적 요소로서 인간의 존재의 방식이란 어떠한 것일까. 구제의 문제란 실존하는 인간의 존재에 관해 말해지는 사항이 아니라, 오히려 다른 무언가로 생성변화하고 있는 인간에게 존재를 각인하는 것이리라. 그것은 실존하는 인간의 본질이 이 새로운 존재의 각인과 함께 변형하게 된다는 것이다. 이 존재의 각인은 확실히 공포를 낳을지도 모르지만, 그 본질의 변형은 오히려 잔혹으로써 이루어지는 것이다.

　　나는 존재란 존재의 방식이며 본질이란 본질의 변형이라고 생각한다. 존재의 방식과 본질의 변형은 실재적으로 구별되지 않는다. 그것들은 자기원인으로서 생각하면 사유의 구별이고 양태라 생각하면 양태적 구별이다. 여기서는 이 두 가지 구별이 사용된다. 그런데 우리의 문제는 인간의 특정한 존재의 방식 혹은 생존의 양식에 의해 인간의 본성이나 본질이 그로부터 작용을 받아 거기에 어떠한 촉발 또는 변형이 생긴다는 것이다. 왜냐하면 본질의 역능은 단순히 지적으로 직관되는 것이 아닌, 바로 실재적으로 변형되는 것에 있기 때문이다. 나는 역사적·사회적 구조나 습관의 양식이 변하기보다도 인간의 본질이 촉발·변형하기를 바란다. 이를 위해 어떻게 하면 좋을까. 오늘날의 철학을 지금 형성할 수 있다면 이러한 문제의식 없이 그 달성은 있을 수 없지 않을까. 오늘날 철학이란 무엇일 수 있을까. 어떠한 학문들의 결과에도 과학들의 성과에도 의존하지 않고 그것들에 맞서 어디까지 어떻게 사유할 수 있을까, 이것이 시험되고 있는 것이다. 어떤 시대에 대해서도 반시대적인 사유를 혹은 감성을 형성하기. '지성개선론'과 '감성개선론'은 완전히 동시에 행해져야 한다. 감성의 변혁론을 본질적으로 포함하고 있지 않은 철학은 어떠한 지성개선론도 구성할 수 없을 것이다. '신의 심판'과 결별하고 인간 존재의 의미가 도덕적 시련에서 해방된 후에 본질적으로 남는 것이란 무엇인가. 그것은 인간의 본성이나 본질을 변형하기 위한 그릇의 질에 관한 검사이며 존재의 방식의 시험=시련이다.[1)]

죽음은 늘 바깥에서 다가온다는 것은 옳은 말이다. 외부의 원인에 의해 태어난 것은 반드시 외부의 원인에 의해 죽는다. 바꿔 말하면 죽음은 끊임없이 우리에게 불행으로서, 재해로서 다가온다고 생각하는 것이다. 그러나 이는 가능성 속에서 조금이라도 선택지가 남겨진 가운데 죽음을 파악하는 것과 다름없다. "죽을지도 모른다", "살해당할지도 모른다", 혹은 반대로 "살아남을지도 모른다", "오래 살지도 모른다"라고 생각하는 것이다. 죽음 그 자체에 관점perspective

---

1) 예컨대 스피노자가 올덴부르크(Henry Oldenburg)에게 쓴 편지를 인용하며 들뢰즈는 다음과 같이 기술했다. "[스피노자에게] 존재 그 자체는 여전히 일종의 시험=시련으로서 생각된다. 분명 그것은 도덕적인 시험=시련이 아니라 물리적 혹은 화학적 시험=시련이며 소재, 금속, 그릇의 질을 검사하는 장인들의 시험=시련과 같은 것이다."(Gilles Deleuze, *Spinoza et le problème de l'expression*, Minuit, 1968, p. 296. 이하 *SPE*로 표기. 『スピノザと表現の問題』, 工藤喜作 他訳, 法政大学出版局, 1991, p. 337. [질 들뢰즈, 『스피노자와 표현 문제』, 현영종·권순모 옮김, 그린비, 2019, 393쪽]) Cf. Gilles Deleuze, *Spinoza : philosophie pratique*, Minuit, 1981, pp. 58~59 (이하 *SPP*로 표기) / 『スピノザ―実践の哲学』, 鈴木雅大 訳, 平凡社, 1994, pp. 66~67 [질 들뢰즈, 『스피노자의 철학』, 박기순 옮김, 민음사, 2001, 63~65쪽]; 『スピノザ往復書簡集』, 畠中尚志 訳, 岩波書店, 書簡 75, 78 [『스피노자 서간집』, 이근세 옮김, 아카넷, 2018, 서신 75, 78] 참조.
[인용문은 꼭 번역서를 따르지 않은 경우도 있다. 주(註)에서 채택된 번역서의 모든 옮긴이에게 감사와 경의를 표하고 싶다.]

을 설정할 수 없는 이상, 우리에게 죽음을 논하는 것은 늘 그 바깥쪽으로부터의 고찰일 수밖에 없다. 왜냐하면 죽음은 탄생과 마찬가지로 외부의 원인에 완전히 의거하고 있기 때문이다. 그런 한에서 죽음은 우리 안에 존재하지 **않는다**. 죽음이라 말해지는 것과 등가인 것 ——절대적 슬픔, 죽음의 경험, 생성변화, 죽음의 모델 등 ——이 우리의 삶 한가운데에 존재한다고 해야 할 것이다. 예컨대 실존하는 신체를 항상 '다른 신체'로 변화시키려고 할 때만 감각되는 것, 그것이 죽음의 경험이다. 스피노자는 틀림없이 그렇게 생각했을 것이다. 본서는 이러한 의미에서, 삶에 있어 죽음과 등가인 것으로부터 '하나의 죽음'을 구성하는 시도이기도 하다. 그것은 죽음을 논하는 것이 아니라 죽음에 관한 작품을 읽는 것, 죽음 그 자체를 혹은 죽음과 등가인 것을 구성하는 것이다. 그것은 사체를 둘러싸고 형용사적으로 사유하는 것도 아니거니와, 사건으로서의 죽음을 무비판적으로 태평스럽게 고찰하는 것도 아니다. 죽음의 철학은 죽음의 구성에서 가장 멀리 떨어진 이러한 입장으로부터, 혹은 철학의 이름을 빌리고는 있지만 실제로는 스포츠 경기나 과학 게임과 같은 내실밖에 갖지 않는 사고나 판단력이나 의견으로부터 결별해야만 하기 때문이다.

　우리는 신체의 물리적·생리적 변화로서의 사멸도 사건으로서의 죽음도 논하지 않을 것이다. 사건으로서의 죽음이란 신체적 혼합의 차원에서 사체로 향하는 것이 아니라, 사건이라는 비非물체성으로 인해 어떠한 물체와도 혼합하지 않고 오로지 의미의 차원에서 성립하는 하나의 특권적인 사건이다. 나는 이것들을 대신해서 제3의 죽음을 마주 놓을 것이다. 왜냐하면 앞의 두 가지에는 하나의 죽음의 구성이 완전히 결여되어 있기 때문이다. 그것은 죽음의 순간을 통상의 시간 — 어떠한 등질적인 주기적 운동에 의해 헤아려지는 시간 — 속에서 한정하려는 것, 즉 개체의 사멸의 순간을 크로노스적 시간("운동의 수"로서의 시간) 아래에서 규정하려는 것이 아니고, 또한 자기의 죽음의 가능성을 알 수 있는 존재자는 인간뿐이라고 생각하여 단순한 사멸을 뛰어넘은 인간의 죽음 혹은 나의 죽음의 고유성을 강조하는 것도, 사건으로서의 죽음(비인칭적인 '죽기')을 다른 사건에 대해 특권화하는 것도 아니다. 이와 달리, 죽음을 다양하게 형용하는 것이 아니라 바로 죽음을 구성하는 것, 즉 경험에 있어 죽음과 한없이 등가인 것에 의한 죽음의 구성이다. 여기서 말하는 등가인 것이란 첫째로는 삶의 존재의 방식을 강화하고 그 삶의 활동력을 증대시키는 기쁨의 정동군이 아니라, 또한 그와 동시에 적어도 이러한 기쁨으로 반전·이행 가능한 수동적 슬픔이 아니라, 결코 기쁨으로 반전·이행할 수 없는 슬픔, 모든 수동성보다도 수동적인 슬픔의 정동군이다. 그것은 마주칠 가능성의 조건이 결정적으로 상실된 가운데 '슬픔-고통'으로서 표현되는 양태의 변양군이다. 이러한 의미에서 어떤 종류의 필연적인 고통은 아마도 우리의 감각 가운데 가장 순수한 것이리라. 바로 그렇기 때문에 이 고통에 저항하려는 모든 지성과 감성이 만들어내는 강도적 긴장이나 거리는 니체가 말하듯 "그가

지금 바라보는 모든 것을 새로운 빛 속에서 빛나게"[2] 할 것이다. 고통은 확실히 인간 본성에서의 강도를 나타내고 있는지도 모른다. 하지만 그것만으로 이 고통을 하나의 사실로서 이해해서는 안 되며, 또한 존재 아래서 삶의 문제의 해결을 보여주고 있다고 이해해서도 안된다. 왜냐하면 존재에 더럽혀져 본질과의 관계를 잃었을 때, 이 고통은 즉시 무통無痛이 되고 그에 따라 신체와 정신의 능력은 부정과 결여라는 완전히 무능력한 상태에 빠지게 되기 때문이다. '고통-강도'는 신체의 본질의 변형에 고유한 그 신체의 존재 방식이 감각하는 고통이어야 하는 것이다.

무능력의 최대의 역능—아르토의 위대함

본서의 문제의식은 일반성이 낮은 개념으로부터 『에티카』에서의 심신병행론의 문제를 재구성함으로써 이로부터만 표현될 수 있는 죽음 또는 불사의 문제를 구성하는 데 있다. 혹은 자연에 있어서의 정동affectus[감정], 특히 우리의 기쁨의 감정을 증대시키기 위한 마주침의 조직화를, 즉 마주침의 유기화를 오히려 비유기체적인 변양의

---

2) フリードリッヒ・ニーチェ, 『曙光』, 氷上英広 訳, ニーチェ全集・第九巻(第一期), 白水社, 1980, 第二書, 114番 [프리드리히 니체, 『아침놀』, 박찬국 옮김, 니체전집 10, 책세상, 2004, 128~131쪽] 참조.

바탕-허虛[sans-fond]로 이끄는 슬픔의 정동군에 관한 소수자 기하학을 형성함으로써 죽음과 불사와 삶의 문제를 논하는 데 있다. 그리고 죽음의 철학이란 첫째로 죽음을 신성화하는 것을 그만두고, 둘째로 그럼으로써 죽음의 관념을 일그러뜨리고 죽음 그 자체를 구부리는 것이다. 혹은 적어도 그것들에 대한 윤리적인 노력이다. 그것이 죽음을 분열증화한다는 것이다. 따라서 죽음의 철학을 이를테면 '잔혹의 철학'philosophia crudelis이라 칭할 수도 있을 것이다. 적어도 나는 그러한 것으로서 죽음의 철학을 보아내고 싶다. 왜 그러한 것을 생각하고 욕망하는 것일까. 불사에 이르는 병이 있다면 그것은 부족할 데 없는 실재적 무능력이라는 이 숭고한 병, 인간의 구제라는 문제를 완전히 반反도덕적·무신론적으로 실현하기 위해 걸린 전염병일 수밖에 없기 때문이다. 아르토의 "무능력", 그것은 왜 전지전능한 무능력자인 신과는 전혀 다른 역능인지 우리에게 보여주고 있다. "내가 목숨을 끊는다면 그것은 자신을 파괴하기 위해서가 아니라 자신을 재구성하기 위해서다. 자살이란 내게 전력을 다해 자신을 되찾고 자신의 존재에 가차 없이 난입하여 신의 못 미더운 전진을 앞지르기 위한 하나의 수단이리라."[3] 자살은 자기파괴가 아니라 자기의 재구성이

---

3) Antonin Artaud, "Sur le suicide"(1925), in ARTAUD, Œuvres, Gallimard, 2004, pp. 124~126 (이하 Œuvres로 표기) / 「自殺について」, 宇野邦一 訳, 『ユリイカ』, 1996年 12月号, 青土社, pp. 78~80.

다. 자살이 있는 곳에서는 오히려 인간의 재구성이 있어야 하는 것이다. 사체가 되기 전에 죽음을 맞이하기, 그것은 자기재생이며 신체의 하나의 불사이다. 사유의 무능력은 신체의 최대의 역능과 이어져 있는 것이다.

우리는 '파쇄'해야 한다. '부수다'라는 사건은 우리에게는 전혀 손쓸 수 없을 정도로 완벽히 만들어진 어떤 것(=본질)을 소화·이해 가능한 것(=존재)으로 만들기 위한 동사태動詞態 같은 것이 아니다. 그리 생각한다면 그것은 단순히 위에서 아래로 차이를 해소하는 행위를 보여주는 것에 불과하다. 즉 거기에는 '깨다'라는 사건이 전혀 동반되어 있지 않다는 것이다. 특히 텍스트를 '찢다'라는 활동이 현대의 '부수다'라는 행위에 지나치게 결여되어 있는 것이다. 부순다고 하면서도 실은 아무것도 부수지 않고 도리어 피와 뼈만으로 진실로 쓰여진 것에 대해 뭐든 상관없는 살을 부착시키는 것이며, 다시 말해 죽음에 의해 잃는 것이 가장 커다란 존재의 살을 그 텍스트에 부가하는 것이다. 이런 방식이므로 텍스트를 찢는 일은 도저히 실현할 수 없다. 여기서 텍스트의 비물체적 본질은 그러한 살에 대해 완전히 분리되고 추상화되어 있는데, 이것이 동시에 보여주는 것은 그러한 본질은 단지 일반적인 불변적 본질로서 정립된 것에 불과하다는 점이다. 요컨대 내가 말하고 싶은 것은 존재 아래서 부수는 행위는 본질을 깬다는 그 변형작용에 관계되는 활동으로서 이중화될 필요가 있다는 것이다.

표상적 본질이나 개념적 본질과 같은 찢어져야 할 텍스트의 본질에 대해 사람은 전혀 다른 본질을 마주 놓을 수 있지만, 그것이 단지 다른 표상적 본질이나 개념적 본질이 아니라는 보증은 결코 없다. 그러므로 텍스트의 본질을 찢는 방법은 두 가지이다. 하나는 기존의 그러한 불변적 본질을 연속적인 변형으로 이끌기, 또 하나는 그 자체가 변양의 힘 혹은 변형의 힘인 본질을 정립하기이다. 에크리튀르의 존재 방식으로서 '부수기'에는 얼마간 작품주의에의 의지가, 그러나 물체구성으로서의 작품, 결정화結晶化된 작동배치에 의해 비물체적인 것을 변형한다는 것에의 매우 큰 의지가 숨겨져 있어야 한다. 이 부수기, 그것은 아르토의 "타격"이며 망치를 내려치고 나서 치켜드는 것이다 ── 그렇다 하더라도 오직 아르토만이…. 부서져 결정화된 것(즉 부서짐으로써 어떤 잠재성을 획득한 것), 그것은 신체에 관한 일반성이 가장 낮은 공통개념이며 이 개념만이 본질의 변형에 필연적으로 동반하는 잔혹한 '외침'의 주위를 회전할 수 있는 것이다. 본서를 성립시키는 문제구성에 관한 가장 중요한 개념적 요소는 첫째로 삶에서의, 삶과 죽음의 혼탁과 그것들의 가능적인 상호 침투가 아니라 죽음과 불사의 실재적 혼합이고, 둘째로 절대적 슬픔 또는 권리상의 무능력에 의한 본질의 촉발 혹은 변형이며, 마지막으로 분신으로서의 다른 신체이다.

1장
불사不死에 이르는 병

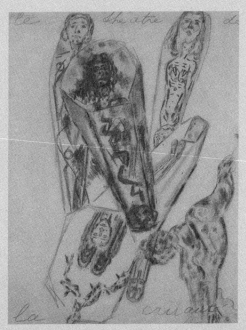

앙토냉 아르토, 「잔혹 연극」

1. 절대적 슬픔의 소수자 기하학

1) 오늘날 실천철학이란 무엇인가

나는 먼저 다음과 같은 물음을 제기하고 싶다. 즉 "오늘날 실천철학이란 무엇인가"라고. 혹은 "오늘날 실천철학이란 무엇일 수 있을까"라고. 실천철학은 초기 스토아학파의 철학처럼 사건과 신체를 그 고찰의 중심에 놓은 자연철학과 마찬가지로 일군의 도덕주의나 과학주의로부터 해방됨에 따라 오늘날에는 전혀 다른 의의를 더 많이 획득하고 있다고 생각된다. 그것은 항상 어느 한쪽에 우월성을 두는 옛날의 이론/실천이라는 이원론으로 회수되지 않을 뿐만 아니라, 또한 이론도 하나의 실천 활동이라고 생각하여 그때까지의 이론적 지성을 전혀 의심하지 않고 즉 그러한 지성에 대한 어떠한 개선론도 제기하지 않고 그러한 지성을 실천 혹은 도덕적인 실천명제로 환원한다는, 역사적 지성(기억의 질서에 입각한)과 습관적 감성(표상상表象像의 질서에 입각한)을 대전제로 한 상식화로부터도 더 많이 해방되어야 한다고 생각된다.

실천철학이라 할 때 이 '실천'이라는 말이 오늘날 획득하고 있는 의미란 단적으로 말하면 존재에 의한 본질의 변양, 즉 존재의 방식 혹은 생존의 양식에 의한 본질의 촉발·변형이다. 요컨대 특정한 원리나 개념을 현상이나 사실에 적용하여 "…이란 무엇인가"라는 물음에 응답하도록 "…은 그렇게 되어 있어!"라는 식으로 말하는 모든 "되어 있는 이야기"로부터, 즉 실천이나 변형 없는 설명 ── 기존의 지성과 감성을 전제로 하여 오로지 일반적인 논의를 내던지는 것(스피노자가 말하는 의견opinio) ── 으로부터 철학적 활동을 철저히 분리하여, 일반개념 혹은 설명체계를 적용하기만 하는 사유에 저항할 수 있는 패러·그래프(의미나 가치의 변형과 그것들에 관한 개념형성을 포함한 논의군)를 개시하는 것이다(니체의 아포리즘에는 이러한 패러·그래프가 흘러넘친다). 다시 말해 예컨대 하나의 현실적인 투쟁이나 싸움을 다른 현재적인 폭력으로 돌리거나 어떤 목적으로서의 지배에 부딪뜨릴 뿐 아니라 그것들과 동시에 잠재적인 인간의 조건들에 작용하여 그것들을 촉발·변형하는 것, 요컨대 파생적인 힘들의 물체성을 구성적으로 이용하여 비물체적인 근원적 폭력[강제]을 촉발·변형하는 것이다(투쟁의 이중화). 사람은 그러한 투쟁, 싸우는 방식을 부수고 새로운 잠재성을 끌어들인 형태로 결정화해야 한다. 하지만 이 유일한 사례로서의 결정화는 죽음 후에 남는 것이며, 자기의 외연적인 부분들로 이루어진 존재가 붕괴하여 상실된 후에도 즉 사후에도 계속해서 촉발되고 변양하는 개개의 특이본질이다. 이것이 본질에 대한 존재의 가장 흥미로운 의미 중 하나이다. '불사'란 실은 유일하게 이 촉발·변형의 부분에 관해서만 이야기되어야 하는 것이다. 따라서 이 '죽음의 철학'에서 문제는 다음과 같이 다시금 제기될 것이다. "이러한 불사의 관념에 대해 죽음은 어떠한 의미를 가질까, 혹은 죽음의 관념은 이러한 사유에 대해 어떻게 변화할까"라고.

한편 습관상의 형식적 장례에 아주 적합한 형태이기는 했지만, 역으로 마치 필연적이고 비형식적인 철학적 삶의 양태, 즉 단순한 언어의 의미semainomenon나 문맥에 의존한 행위로 환원되지 않는 렉톤lekton(표현되는 것)의 양태 ── 혹은 렉톤의 숨 ── 를 그 죽음을 향해 주장하는 하나의 사건이 있었다. 그것은 분명 푸코의 하나의 '사건-사후'이다. 1984년 6월 29일, 푸코의 시신을 매장하는 날 이른 아침, 피티에-살페트리에르Pitié-Salpêtrière병원의 작은 마당에는 수백 명의 사람들이 모여 있었다. 그리고 "목이 잠겨 뭐라는지 알 수 없고 슬픔 때문에 이상해진 목소리가 갑자기 들려왔다". 그것은 푸코의 『쾌락의 활용』 서문 일부를 낭독하는 들뢰즈의 목소리였고 군중은 조용히 그 목소리에 귀를 기울였다.[1] "[…] 과연 자신은 평소의 사유법과는 '다른 방식으로 사유하기'가 가능한지, 평소의 관점과는 '다른 방식으로 지각하기'가 가능한지, 그것을 아는 문제가 주시하거나

---

1) ディディエ・エリボン, 『ミシェル・フーコー伝』, 田村俶 訳, 新潮社, 1991, pp. 457~458 [디디에 에리봉, 『미셸 푸코, 1926~1984』, 박정자 옮김, 그린비, 2012, 575쪽] 참조.

숙고하기 위해 불가결한, 그런 기회가 인생에는 있는 것이다. […] 철학 —— 철학적 활동이라는 의미에서의 —— 이 사유의 사유 자체에 대한 비판적 작업이 아니라면, 또한 자신이 알고 있는 것을 정당화하는 대신에 '다른 방식으로 사유하기'가 어떻게 또한 어디까지 가능한지를 알고자 하는 기획에 철학이 존립하지 않는다면, 오늘날 철학이란 무엇인가."[2) 여기서 푸코가 철학에 관해 주장한 것은 앞서 내가 기술한 실천철학의 새로운 의미 그 자체이다. 푸코가 긍정하는 '다른 방식으로'란 이러한 의미에서의 실천이며, 그저 시대에 영합하여 동시대의 학문들을 보완하고 비평하는 데 그치는 현대철학이 아니라 도래해야 할 반反시대를 형성하는 오늘날의 철학을 실질적으로 정의할 수 있는 그 발생적 요소는 이러한 '실천' 개념일 수밖에 없을 것이다. '다른 방식으로'란, 실현 가능한 항들로부터 가능한 방식으로, 즉 택해도 택하지 않아도 괜찮다는 방식으로 어떤 항을 골라내는 것이 아니라, 본질에 대한 유일한 '실천'을 선택하는 것, 하나의 삶의 실험을 초안草案하는 것이다. 그때 이 하나의 삶의 양태는 자기의 존재 방식이 그 본질(=추상화된 것)에 대해 항상 무無차이적이지 않게 된다는 의미에서 필연적으로 다른 방식이라는 존재를 보여주는 것이다.

---

2) Michel Foucault, *L'usage des plaisirs*, Gallimard, 1984, pp. 14~15 / 『快楽の活用』, 田村俶 訳, 新潮社, 1986, pp. 15~16 [미셸 푸코, 『성의 역사 2·쾌락의 활용』, 문경자·신은영 옮김, 나남, 2018, 23~24쪽].

다시 말해 그것은 "예술작품으로서의 삶"을 받아들이는 것이며, 설령 권력에 대해 저항할 힘을 빼앗겼을지라도 여전히 문제제기적 인problématique 삶을, 혹은 문제설정적인 양태를 계속해서 구성하는 것이다.[3] 그런 의미에서는 각각의 존재 방식 혹은 생존 양식은 결코 역사적·사회적인 조건들에 따라 규정되고 조건 지어진 그 일례, 하나의 샘플이 아니다. 어떤 인간의 존재, 그 실존이 만약 그러한 샘플 상태에 빠진다면, 그것은 인간의 본질=역능(즉 인간에 고유한 변양력) 과 그 사람의 현실존재가 완전히 분리되어 그 본질이 추상화되는 것을 나타내게 된다. 이는 어떠한 것인가. 자식에 의해 어떤 변화도 일어나지 않는 부모, 학생에 의해 조금도 변화하지 않는 교사, 이런 부모나 교사는 아이들에게는 단지 추상화된 인간일 수밖에 없다. 아이는 비록 그 모든 것이 수동적일지라도 순수한 변양태이며, 그 변양이 음의 방향으로 고정되었다는 의미에서 말해지는 어른들과는 실은 수동성의 의미가 전혀 다른 것이다. 인간의 본질에 관한 정의를 이러한 의미에서의 '어른'으로부터 탈취해야 한다. 그렇지만 아이들은 이러한 어른의 예비군이기 때문에 중요한 것은 단순히 '아이이다'라는 한에서의 아이들이 아니라 '아이가 되다'라는 아이성性이며 구체적

---

3) Cf. G. Deleuze, *Pourparlers*, Minuit, 1990, pp. 129~138 / 『記号と事件』, 宮林寛 訳, 河出書房新社, 1992, pp. 157~170. "문제는 예술작품으로서의 실존(existence)을 창조하는 **임의의 규칙**, 즉 존재의 양태와 삶의 양식(여기에는 자살도 포함된다)을 구성하는 윤리학과 미학 양쪽에 걸친 규칙이다."(*Ibid*, p. 135 / p. 165)

으로는 유아기의 신체이다. 아이성이란 본질을 변형하여 새로운 본성을, 즉 그 본질과 존재의 새로운 종합을 형성하기 위한 불가결한 요소이다. 스피노자는 한편으로 어린 시절을 자기가 할 수 있는 것으로부터 자기 자신이 가장 멀리 떨어진 시기라고 생각했지만, 다른 한편으로는 이러한 유아기 신체의 본성에 관계지어지는 한에서만 다른 고차적인 신체로의 이행을 인정한다. 우리는 비非-어른임의 모든 것을 '아이-되기'의 문제로 전환할 필요가 있는 것이다.

　이러한 관점에서 말하면 실은 본질이 존재에 절대적으로 선행해 있든 역으로 존재가 본질에 앞서 있든 큰 차이는 없다. 인간의 본질을 형성하는 것에 관한 고유의 '사례case-존재' 즉 존재 방식은 우리에게 있어 틀림없이 들뢰즈/가타리가 말한 '아이-되기'일 것이다(이에 관해서는 뒤에서 논의할 것이다). 투쟁은 항상 이중적이어야 한다. 그러나 현실적인 항들 사이에서의 투쟁은 그것들 가운데 단순한 하나의 항에 불과한 듯 생각되며, 또한 언뜻 보면 완전히 무능력하다고밖에 보이지 않는 하나의 "예술작품으로서의 삶"에 의해서만 이중화하는 것이다. 단순한 표상적인[재현적인] 현재적 행위로 환원되지 않고, 그로부터 벗어나 있는 현실적인 활동은 모든 투쟁, 충돌, 충격을 이중화하는 것이다. 즉 인간의 현실적인 존재 방식 내에서의 혁명투쟁과 그 존재의 본질에 관한 변형활동이라는 이중성이다. 다만 이 이중성은 예컨대 공포와 잔혹cruauté이라는 이중성이 아니라, 공포에서 잔혹으로의 변동 그 자체를 포함한 이중성이다. 본질은 바로 영원불변한 것으로서 정립되기 때문에 본질이라 불리는지도 모른다. 하지만 애당초 '사회적 관계들의 총체'라는 의미에서의 '인간의 본질'[4]을 변형하는 것을 혁명의 최대 사명으로 삼는 존재의 변혁이야말로 혁명의 이름에 값한다. 만일 본질이 **적어도** 스피노자에게서처럼 변양의 힘으로서 파악될 뿐일지라도 그 본질의 상태는 수동 혹은 능동이라는 존재 방식에 의해 극적인 변화가 생기게 되는 것이다.

사건의 실재성이 그 현실화 혹은 효과화에 전혀 의존하지 않을지라도 사건이 지닌 그 비물체성의 변화는 반反-효과화counter-effectuation라는 본질에 대한 변형활동에 의존하고, 역으로 이 비물체적인 변형(관계의 변형)을 현실화=물상화 아래서의 실재성으로서 문제를 구성하는 데에 혁명(존재의 변혁과 본질의 변형)의 의미가 있다. 죽음은 이 양쪽에 관계되며 죽음의 생성은 이 이중성의 생성 그 자체이다. 가공할 문제제기적 양태는 늘 자연에 반하는 관여를 자연에 대해 행사한다고 생각된다. 니체에게 있어 토리노에서의 존재의 도취가 보여주는 명석함, 아르토에게 있어 이브리Ivry에서의 본질의 비등沸騰이 보여주는 초超-명석함[5]은 바로 이 양태에 걸맞은 것이리라. 이미 아프리오리하게 고정화된 사회성이 침투하고 있는 부모와 자

---

4) マルクス, 「フォイエルバッハに関するテーゼ」, マルクス·エンゲルス, 『新編輯版 ドイツ·イデオロギー』, 広松渉 編訳, 小林昌人 補訳, 岩波書店, 2002 [칼 마르크스·프리드리히 엥겔스, 『독일 이데올로기 1』, 박재희 옮김, 청년사, 2007] 참조.

식의 관계, 남편과 아내의 관계, 동류·친구와의 관계, 원인과 결과의
관계, 지성과 감성의 관계, 정신과 신체의 관계…, 이들 가운데 단 하나
의 관계조차도 역사적인 상-식sens commun · 양-식bons sens에 맞서
변화시킬 수 없는 자 ── 단적으로 말해 스피노자의 약간의 병행론조
차도 의식하지 않는 자 ── 가 어떻게 사회적인 관계들 전반을 변형할
수 있다는 것인가.

2) '자연계의 일의성'에 관한 자연철학과 "반反자연의 융즉融卽"을 규정
   하는 실천철학

전통적인 형이상학에 대한 반反형이상학 운동은 다른 형이상학에 의
해 이루어질 것이 아니라 오히려 오늘날의 자연학 혹은 자연철학에
의해 이루어질 필요가 있다. 즉 그것은 그것만으로 자기완결하기 때
문에 "~의 후에"meta를 거부하고 기존의 형이상학을 배제하는 '대
大자연'에 관한 학문이다(예컨대 초기 스토아학파의 자연학, 아르토의
"제일자연학"[6]). 그런 한에서 '대자연'주의란 어떠한 형이상학도 낳
지 않고 '자아' 없이 항상 스스로 재개할 수 있는 '신 혹은 자연'을 표

---

5) 니체에 관해서는 ピエール·クロソウスキー, 『ニーチェと悪循環』, 兼子正勝 訳, 哲学書房,
   1989, pp. 387~463 [피에르 클로소프스키, 『니체와 악순환』, 조성천 옮김, 그린비, 2009, 265~
   319쪽], 아르토에 관해서는 アンドレ·ブルトン, 「アルトーを語る」, 生田耕作 訳, 『アンドレ·
   ブルトンへの手紙』, 奢霸都館, 1978, pp. 77~83 참조.

현하는 것이다. 여기서 존재는 개별성에 관해서가 아니라 특이성에 관해서만 유일하고 동일한 의미에서 말해지는 것이다. 그렇지만 이 상주의, 반동적인 감정들, 국가에의 동의와 국가적 합의, 기호화에의 의지, 표상적 사유, 이러한 개별성의 조직화에 불가결한 요소를 제공하는 존재와 도덕의 형이상학으로부터 우리는 어떻게 벗어날 수 있을까.

개별성의 어떠한 조직화도 바로 그 개별성의 본질(유類적 본질, 일반성)에 대해서는 전적으로 무차이적이다. 예컨대 사회적 동물 혹은 이성적 동물이라 말해지는 개별성 동물은 목적론, 존재의 다의성,

---

6) Cf. A. Artaud, *Le Théâtre et son Double*(1938), *Œuvres*, p. 540 / 『アントナン・アルトー著作集 I. 演劇とその分身』, 安堂信也 訳, 白水社, 1996, p. 96 [앙토냉 아르토, 『잔혹연극론』, 박형섭 옮김, 현대미학사, 1994, 91쪽]. 아르토가 1930년대에 기술한 '형이상학' (métaphysique)이란 분신으로서의 '다른 신체'를 의태하는 것, 즉 그 효과이며, 또한 이 신체는 자연에 반하는 관여를 바로 그 자연에 대해 행사하는 능력 즉 '잔혹함'을 자기의 본성으로 하는 것이다. 데리다가 고찰하는 아르토의 '형이상학'에서는 이러한 신체적인 것(physique)이 발하는 연극적 증기 즉 연극적 관념의 양태가 무시되고, 그것을 대신해서 아르토의 텍스트의 '이중성'(duplicité)이 강조된다. 그러므로 거기서는 특히 초기 아르토에게 특징적인 신체의 한 속성으로서의 형이상학과 그 양태로서의 연극적 관념의 힘들은 결국 전형적이고 건강한 형이상학적 의미의 범위 안으로, 혹은 그 전통적인 아포리아나 투쟁 속으로 완전히 축소되어 버렸다. Cf. Jacques Derrida, "La parole soufflée", *L'écriture et la différence*, Seuil, 1967, pp. 289~292 / 「息を吹き入れられたことば」, 梶谷温子·野村英夫 訳, 『エクリチュールと差異(下)』, 法政大学出版局, 1983, pp. 47~51 [자크 데리다, 『글쓰기와 차이』, 남수인 옮김, 동문선, 2001, 307~310쪽]. 반면 아르토에게서의 신체와 형이상학의 관계를 간략하기는 하나 적확히 논의한 것으로서는 宇野邦一, 『アルトー──思考と身体』, 白水社, 1997, pp. 123~125 참조.

부정성否定性의 우위를 원리로 한 다양체의 구성원으로서 인간의 본질일 수밖에 없다. 다시 말해 존재가 본질에 대해 우연적이라는 것이다. 그러나 이와는 완전히 반대로 본질이 존재에 관해 차이적이며, 또한 존재가 본질에 대해 무차이적이지 않다는 일의성의 사태를 생각할 수 있을 것이다. 이러한 사건은 우리에게 사유의 불가능성이나 무능력을 강요할지도 모르지만, 그럼에도 하나의 필연성이며, 인간의 감정까지도 가로지르는 자연계의 필연성을 보여주고 있다. 이 점에 관해 스피노자는 다음과 같이 기술했다. "자연 내에는 자연 자체의 결함으로 돌릴 만한 어떤 것도 생겨나지 않는다. 왜냐하면 자연은 항상 동일하고 또 자연의 힘과 활동역능은 어디서나 동일하기 때문이다. 즉 모든 것이 그에 따라 생기하고 어떤 형상에서 다른 형상으로 변화하는 원인이 되는 자연의 법칙 혹은 규칙은 어디서나 늘 동일하기 때문이다. 따라서 어떠한 것이든 그 사물의 본성을 인식하는 양식은 또한 유일하고 동일해야만 한다. 즉 그것은 자연의 보편적 법칙 혹은 규칙에 따른 인식이어야 하는 것이다. 따라서 증오, 분노, 질투 등의 감정도 그 자체로 고찰된다면 그 이외의 개체와 마찬가지로 자연의 필연성과 힘으로부터 생겨나는 것이다. 이처럼 감정은 인식되어야 할 일정한 원인을 인식하며 또한 단지 관상觀想하는 것만으로 우리에게 기쁨을 주는 다른 사물의 특질과 마찬가지로 우리가 인식할 만한 일정한 특질을 지니고 있다."[7]

거친 날씨는 좋은 날씨의 결여가 아니며 회색에서 황색의 부재를 보는 사람은 없을 것이다. 마찬가지로 증오는 사랑의 결여가 아니며 질투는 동정의 부재가 아니다. 감정은 부당하게 폄하되고 멸시되어왔을 뿐 아니라 지성과는 대조적으로 진보와는 전혀 관련 없는 것이라 생각되어왔다. 모든 감정 그 자체가 지성이나 이성을 결여한 어리석은 것으로서, 즉 '인간의 본성'의 결함을 보여주는 '인간의 수성獸性'을 드러낸 것이라 생각되어온 역사가 계속해서 존재하고 있다. 하지만 감정은 이러한 이해와는 달리 바로 우리의 '내부의 신'과 같은 것이며 우리 자신과 외부의 사물 간의 보이지 않는 관계를 자기의 신체 상태에 따라 표현하고 있다. 스피노자는 자연계에서의 존재의 다양성을 비판하고, 자연의 법칙 혹은 규칙 즉 자연의 필연성은 모든 것에 관해 동일하다는 양상의 일의성에 따라 존재의 일의성의 평면을 주장한다. 스피노자의 이러한 이해는 단지 자연물에 그치지 않고 최종적으로는 인간의 감정에까지 이른다. 감정은 자연의 힘이 표현된 것이다. 부분적이든 전체적이든 우리의 신체에 생기는 모든 변양 ─ 그리고 그것을 표현하는 그 변양의 관념 ─ 은 그 자체로 본다면 바로 자연의 변양 자체이다. 그러나 여기에는 부정 없는 혹은 결여 없는 무능력이 결코 능력의 유능함으로 이행할 수 없다는 의미에서의 무능력이 포함되어 있다. 그것은 절대적 수동 즉 절대적 슬픔

---

7) スピノザ, 『エチカ』, 畠中尚志 訳, 岩波書店, 第三部, 序言 [스피노자, 『에티카』, 3부, 머리말].

을 규정하는 하나의 실재적 역능이다. 스피노자는 이러한 역능을 결코 이야기하지 않았지만, 우리는 생각해야 한다. 공통개념을 매개로 하여 기쁨의 감정에서부터 직관지에 이르는 스피노자의 경험론 즉 역동적인 소수자 기하학에 덧붙여, 여기서는 변양의 극치이지만 모든 공통개념을 본질의 외침으로 변화시킬 수 있는 유체流體적인 그러나 본질로 역류하는 신체를 사유해야 하는 것이다.

자연의 공통 질서를 넘어 즉 자연에 반하여 자연에 관여하기, 역류하는 양태적 변양, 하나의 "반자연의 융즉", 그것이 정동의 소수자 기하학의 궁극적인 의의이다.[8] 절대적 슬픔의 소수자 기하학은 **보다** 강하게 소수자적인 변양을 대상으로 하지만, 이러한 슬픔은 이미 노예나 압제자나 성직자의 것이 아니다. 왜냐하면 그것은 그들처럼 가능성을 이용하지 않으며 이미 이용할 수도 없기 때문이다. 애초에 가능성 그 자체가 거기서는 소진되어 있는 것이다. 하지만 그렇다고 해서, 즉 수동성의 얼마간의 특징 ── 반전, 모방, 과잉, 동요 등 ──을

---

8) Cf. Gilles Deleuze & Félix Guattari, *Mille Plateaux*, Minuit, 1980, pp. 295, 315~317 (이하 *MP*로 표기) / 『千のプラトー』, 宇野邦一 他訳, 河出書房新社, 1994, pp. 279, 298~299 [질 들뢰즈·펠릭스 가타리, 『천 개의 고원』, 김재인 옮김, 새물결, 2001, 458~459, 489~491쪽]. 정동의 소수자 기하학은 무엇보다도 반자연의 융즉으로서 성립한다. 왜냐하면 그것은 감정의 본성과 힘을 자연계의 일의성을 구성하는 선이나 면이나 입체를 연구하는 것과 마찬가지로 취급하는 것을 뛰어넘어 첫째로 '기쁨-개념'에서 '지복-직관'으로의 가장 드문 소수자적 선을 자연 내에 긋는 것이며, 둘째로 '슬픔-무능력'에서 '잔혹-분신'으로의 그 이상으로 소수자적이고 지각 불가능한 선을 자연 내에 투사하는 것이기 때문이다.

갖지 않는다고 해서 **기쁨의 능동성으로** 전환했다는 것이 아니다. 그 것은 오히려 아르토처럼 공포라는 수동성을 극복한 **잔혹의 능동성**에 결부되어 있다. 코나투스conatus는 단지 현재 있는 자기를 유지하려 는 힘이 아니라, 생성변화에 관계되는 자기를 실현하려는 힘이다. 그 러나 이미 그 실현의 조건으로부터는 철저하게 분리되어 있는 것이 다. 하지만 절대적 수동성이 능동성으로의 존재하지 않는 기묘한 회 로, 마치 돌연변이처럼 발생한 회로, 즉 최단 경로를 통해 이 힘을 역 류시킨다. 그것은 자기의 실현, 자기의 표현이 존재상의 무능력 아래 에서 본질로 역류하는 것이다. 그런 한에서 이러한 존재의 기쁨에 반 전 불가능한 정동=슬픔이 표현하는 변양은 자연에 반하는 변양이며, 하나의 반자연의 융즉을 정의한다. 그러므로 슬픔에 관한 소수자 기 하학은 자연계의 일의성과 이 반자연의 융즉 간 주름에 관한 가장 소 수자적인 기하학 즉 잔혹의 기하학을 그려내는 것이다.

3) 무능력의 소수자 기하학—어떻게 슬픔, 증오, 분노, 질투, 복수심 등 을, 혹은 부정 없는 무능력을 표현할까

우리가 가진 감정은 우리 자신이 존재자 사이에서 살 수밖에 없는 이 상 그 대부분이 수동적이다. 이러한 수동감정은 항상 동요하고 반전 되고 이행하고 유출되고 감염되지만, 그럼에도 이들 일련의 운동은 확실히 우리 자신의 신체 외부에 존재하는 다른 사물이나 신체와 마주칠 가능성, 마주침의 조직화 아래에 있을 것이다. 즉 거기서는 늘 마주칠 가능성의 조건을 이용한 후에 그것의 필연적인 조직화=유기화가 나타나는 것이다. 이는 특히 감정의 존재에 시점을 둔 것이다. 그러나 스피노자는 신이나 정신을 논한 것과 완전히 같은 방식으로, 그리고 선이나 면이나 입체를 연구하는 것과 같은 방법으로 우리의 감정들을 고찰한다. 여기에는 분명 감정의 본질에 관한 소수자 과학, 소수자 기하학이 있지만, 이 소수자 기하학은 인간의 신에 대한 지적 사랑amor Dei intellectualis에까지 도달하고 영원성의 문제까지도 표현하는 것이다. 그러기 위해서는 감정의 존재에서 출발할 필요가 있다. 왜냐하면 존재의 궁극적인 의미, 하나의 삶의 참다운 사건은 모든 도덕적 가치짓기를 벗어나 본질의 촉발에 즉 자기촉발의 경험들에 존재하기 때문이다.

한편 스피노자는 "어떤 사람을 증오하는 자는 그 사람에게 악[해악]을 가하려고 노력할 것이다. 다만 그 때문에 자기 자신에게 그 이상의 악이 생길 것을 두려워하는 경우에는 그렇지 않다. 또한 반대로 어떤 사람을 사랑하는 자는 같은 조건에서 그 사람에 대해 선을 행하려고 노력할 것이다"[9]라고 말했다. 요컨대 사람은 자신이 증오하는 자에게는 화를, 또한 사랑하는 자에게는 행복을 각기 주고자 하

---

9) 스피노자, 『에티카』, 3부, 정리 39.

는 경향이 있지만, 만일 그 일로 인해 자기 자신에게 더 큰 악이나 화가 닥칠 것을 두려움과 함께 상상한다면 그 사람은 그러한 흉계 혹은 선의 행사를 단념할 것이라는 말이다. 자신이 증오하고 있는 상대를 때리고 싶었지만 때림으로써 그 이상의 화나 폭력이 자신을 덮칠지도 모른다고 두려워하며 상상한다면 틀림없이 그 사람은 때리기를 자제할 것이다. 즉 그때 때린다는 행위, 폭력의 행사라는 현상은 일어나지 않고 사람은 억지력이 잘 작용했다는 식으로까지 해석할 것이다. 그때 악 혹은 슬픔에 속하는 사항은 물론이고 실제로는 어떤 일도 일어나지 않는다. 언뜻 보면 평화가 그 장소를 지배하고 인간의 양심이 승리하여 선이 실현되어 있는 것처럼 보일 것이다.

하지만 이 사례가 보여주는 것은 완전히 반대의 경우이다. 분명히 표면적으로는 평화롭고 다툴 거리는 아무것도 생기지 않지만, 이는 어떠한 적극적인 선의 작용에 의해서가 아니라 차라리 더 큰 악이 두려워서 그러한 것이다. 따라서 더 큰 해악을 두려워하는 억지의 감정력이 작용하면 할수록 반대로 이 경우의 악은, 즉 증오의 감정과 해악을 가하려는 노력=욕망은 가능적인 의미에서 완전히 잠세화潛勢化하므로 그 잠재성으로 인해 같은 종류의 악이 계속해서 무제한으로 축적될 것이다. 예컨대 어떤 국가는 구태여 잠재성과 현실성을 구별하지 않고 타국이 지닌 어떠한 잠재적 위협도 분명히 직접적인 현실적 위협이라고 간주함으로써 그 악이 무제한으로 축적되기 전에 더 큰 힘으로 그 위협에 대해 해악을 가할 수 있을 것이다. 이는 앞서 언급한 스피노자의 감정의 논리를 사용한 것이다. 그러므로 현재 지구상 최대의 국가는 '그 이상의 악이 생기는 것'을 이제 두려워할 필요가 없는 이상, 그들이 증오하는 것에 대해 용이하게 해악을 가할 수 있다. 국가를 승인하고 그것에 동의하는 수동감정, 혹은 그러한 "감정의 정념적 체제"[10]는 존재를 다의적으로 이해하고 부정성을 매개로 하여 다양하고 여럿인 것을 포착하는 공통감각적 사유와 동시에 성립하는 것이다.

그러나 만일 어떤 사람을 증오하는 자가 그 사람에 대해 해악을 가하고자 노력하는 것으로부터 완전히 떨어져 있다면, 즉 그만큼 정신으로부터도 신체로부터도 자기의 활동역능이 빼앗겨 있다면 이를 어떠한 사항으로 이해해야 할까. 자연적 조건 내에서 우리는 어쩔 수 없이 나쁜 마주침이나 슬픔 혹은 불완전한 관념밖에 가질 수 없는 존재이다. 그런데도 우리는 이러한 조건 아래에서도 어떻게든 조금이라도 좋은 마주침을 조직화하여 기쁨을 증대시킴으로써 운명의 권리 아래에서 자기의 권리 아래로 스스로의 존재를 이행시키려고 노력한다. 그것이야말로 자기보존conatus이라는 우리의 현실적인 본질이 실제로 물어지는 장면일 것이다. 자연적 조건이란 스피노자의 공

---

10) Cf. *MP*, pp. 497~502 / pp. 455~459 [『천 개의 고원』, 767~775쪽]. 여기서는 『니체와 철학』에서 전개된 변증법적 노동과 긍정적 유희 간의 차이가 단적으로 노동과 자유활동 간의 차이로서 다시 논의된다.

리를 이용하면 "자연 내에는 더 유력하고 강력한 다른 것이 존재하지 않는 어떤 개체도 주어지지 않는다. 어떠한 것이 주어져도 그 주어진 것을 파괴할 수 있는 더 유력한 다른 것이 존재한다"[11]는 것이다. 이는 바로 가능한 현실성을 구성하는 일정한 시간과 장소에 관해 말해지는 개체를 염두에 두고 스피노자에 의해 표명된, 자연계에 존재하는 모든 것에 대한 '가능성의 조건'이다.

이러한 가능성의 조건 속에서 우리는 조금이라도 기쁨을 증대시키려고, 존재하는 다른 물체=신체와의 마주침에만 한결같이 배려하고 자신을 중심으로 한 환경으로서의 시공간을 유기화하려고 노력한다. 이는 확실히 가능한 일이고 실현될 수 있는 사항이기도 하다. 그러나 그때 마주치는 것은 가능성의 조건 아래에서 조건지어진 것들 사이에서 생기하는 사물이다. 혹은 이렇게 말해야 할지도 모른다. 수동감정은 실은 어딘가에서 이러한 가능성 그 자체나 가능성의 조건들을 계속해서 긍정하고 있는 것이라고. 들뢰즈가 주장하는 스피노자의 경험주의란 한편으로는 기쁨이라는 수동감정을 기점으로 하여 공통개념의 형성의 차원을 열어서 이러한 가능성의 조건의 극복을 경험론의 차원에서 주제화하는 데 있다. 다시 말해 그것은 강한 의미에서 **부분적으로** 이 가능성의 조건으로부터 가능성을 고갈

---

11) 스피노자, 『에티카』, 제4부, 공리. 마찬가지로 제5부, 정리 37의 주석도 참고할 것.

시키고, 이에 따라 조건지어진 것으로부터 그 가멸성可滅性을 배제하는 것이기도 하다. 왜 그러한 것이 필요할까. 애초에 '자연의 공통의 질서' 아래서는 모든 인간에 대해 표상적인 지知와 공통감각sens commun과 양-식이 평등하게 분배되어 있다는 점이 완전히 상정되어 있기 때문이다. 즉 상상지想像知, 인격신人格神, 죽음의 신성화, 존재의 다의적인 이해, 유비적인 지성 등을 이에 관해 긍정하는 자도 비판하는 자도 모두 공통의 결과로서 수용하고 있기 때문이다. 그러므로 이 스피노자적 경험주의의 투쟁도 이 점에 그 의의를 가질 수 있는 것이다.

그러나 완전히 그 가능성을, 즉 현존하는 그 슬픔의 감정에서 기쁨의 감정으로의 반전·이행 가능성이 가로막힌 무수한 개체군이 존재하는 것도 사실이다. 존재하기 시작함과 동시에 자기 자신보다도 압도적으로 유력하고 강대한 다른 것이 늘 현전해 있는 개체는 자신의 존재에 관한 일정한 시간과 공간이 문제화되기 이전에 마치 본성상 능동적인 슬픔에 촉발되어 있는 듯한 활동역능의 절대적 감소·하강에, 혹은 그 활동역능 자체의 파괴에 처하게 될 것이다.[12] 그것

---

12) 들뢰즈는 이러한 일종의 소진, 낙하, 파괴라는 수준에서, 혹은 오히려 아르토가 제기하는 잔혹=필연성 아래에서 스피노자주의를 두 번 정도 원용한 적이 있다. "'피로한 것'(fatigué)은 단지 현실화를 소진해버린 것에 불과하지만, '소진된 것'(épuisé)은 모든 가능한 것을 소진해버린다. 피로한 것은 더 이상 '현실화할' 수 없지만, 소진된 것은 '가능케 할' 수 없는 것이다. [⋯] 더 이상 아무것도 가능하지 않다. 즉 철저한 스피노자주의가

은 타자가 전혀 없는 세계이다. 여기에는 기쁨으로의 이행 가능성이 없을 뿐만 아니라 가능화하는 것으로서의 타자가 존재하지 않는다. 이러한 사태는 본성상 표현될 수 없는 것일지도 모르지만, 그럼에도 존재의 일의성의 평면에 관계되고 있으며 그 평면의 바탕-허의 정도를 가장 잘 표현하는 슬픔의 정동과, 찢긴 일반성의 외부에서 형성되는 개념, 혹은 우리의 정신에 타당하지도 않고 우리의 정신을 결코 구성하지도 않는 관념을 긍정적으로 그러나 그것들의 실재적 변화를 접어 넣은 형태로 표현함으로써만 성립할 수 있는 것이다.

'잔혹의 정의定義' ——들뢰즈에 따르면, 스피노자는 설령 슬픔에 잠겼을지라도 어떻게 이 슬픔에서 기쁨으로의 이행을 가능케 할 마주침을 거듭 쌓을지를 문제로 하여, 일반성이 가장 낮은 공통개념의 형성이라는 형태로 하나의 새로운 실천철학을 만들어냈다. 반면 아르토의 문제는 바로 어떠한 개념도 없이, 그러나 동시에 어떠한 부정

있는 것이다."(G. Deleuze, *L'Épuisé*, Postface à S. Beckett, *Quad*, Minuit, 1992, p. 57 / 『消盡したもの』, 宇野邦一·高橋康也 訳, 白水社, 1994, p. 7 [질 들뢰즈, 『소진된 인간』, 이정하 옮김, 문학과지성사, 2013, 23~24쪽]) "도착자(倒錯者)의 세계는 타자 없는 세계이며 따라서 가능한 것이 없는 세계이다. 타자란 가능화하는 것이다. 도착적 세계는 가능한 것의 범주가 필연적인 것의 범주에 의해 완전히 치환된 세계이다. 즉 이상한 스피노자주의이며, 거기서는 한층 더 원소적인 에너지와 희박한 공기(하늘-필연성)를 위해 [가능성이라는] 산소가 결여되어 있는 것이다. 모든 도착은 '타자살해'(autruicide), '이타살해'(altrucide)이며 따라서 가능한 것의 살해이다."(G. Deleuze, *Logique du sens*, Minuit, 1968, p. 372. 이하 *LS* 로 표기. 『意味の論理学』, 岡田弘·宇波彰 訳, 法政大学出版局, 1987, p. 399 [질 들뢰즈, 『의미의 논리』, 이정우 옮김, 한길사, 1999, 498쪽])

도 결여도 없이 어떤 실재적인 무능력을 행사함(예컨대 외치거나 외침을 동반해 숨을 쉼)으로써 어떻게 신체의 본질을 부들부들 떨게 할 연극을, 즉 '잔혹의 연극'을 생기시킬까 하는 것이다. 전자에는 공포의 문제가 있지만 후자에는 잔혹의 문제가 있다. 스피노자에게는 존재의 공포에서 본질의 지복을 향하는 평민의 문제가 있지만, 아르토에게는 존재의 무능력에 따른 인간 본질의 변형이라는 난민의 문제가 있는 것이다. 전자에서는 '영원의 상' 아래에서 신체의 본질을 사유하는 것이 문제가 되지만, 후자에서는 '연속변형의 상' 아래에서 신체의 본질을 투사하는 것이 과제가 되는 것이다. 자기를 중심으로 하여 외부 사물과의 마주침을 유기화하는 것은 도저히 불가능하고, 그와 함께 신체와 정신의 활동역능의 증대(=기쁨)로의 이행, 전환의 길은 막혀 그 가능성은 완전히 바닥나버린 상태에 있지만, 그럼에도 자기의 실현 역능인 코나투스는 계속해서 발동하고 있다. 비록 기쁨의 대상과 마주칠 가능성을 완전히 잃었을지라도, 자기의 실현 역능이 자기의 그 본질로 역류하여 존재 속에서 대응하는 표현을 전혀 갖지 않을지라도 그 모든 것이 변화하는 자기촉발, 자기변형이라는 가장 특이한 사건을 어떠한 수육受肉도 없이 실현하는 — 즉 반-효과화하는 — 것이다. 두 가지 측면에서 이러한 절대적 슬픔 혹은 결여 없는 무능력에 관한 기하학을 묘사할 수 있다. 한편으로는 공통개념의 현실적인 의미가 아니라 그 잠재적인 의미(타자살해, 이타살해)를 본질에 투사함으로써 그것을 촉발하고 본질의 자기촉발을 촉진시킬 수 있는 불사의 경험론을 정립함으로써 가능하다. 다른 한편으로는 아르토의 무능력에 있어서 공통개념을 형성하지 않아도, 혹은 오히려 개념 없이 인간의 본질을 촉발하는, 아니 그 이상으로 그 본질 혹은 본성을 무참히도 변형하는 분신——잔혹배우 즉 참다운 신체를 투사하는 자——을 투여함으로써 가능하다. 이 세계, 이 지구상에는 실제로 슬픔의 과정이 더 많이 실재할 것이다. 그러나 현실의 이 과정은 절망이라는 '죽음에 이르는 병'으로서 도덕화된 타자존재를 그 감염경로로 하는 것이다. 이에 반해 '불사에 이르는 병'은 특히 자기의 본질에 대해 감염하는 잔혹이라는 독특한 병이다(이에 관해서는 스피노자의 3종 인식, 직관지에 이르고자 하는 어떠한 노력도 예외가 아니다). '불사에 이르는 병'이란 인간의 본질에 대한 병이다. 즉 '불사에 이르는 병'이란 인간의 본질에 대해 무언가를 행하려는 의지와, 그 본질을 촉발·변형하려는 감정 혹은 욕망(지복, 잔혹)을 갖는 것이다. 존재 사이에서의 전염이 아닌, 또한 본질 사이에서의 공명진동도 없는, 존재에서 본질로의 감염과 이 감염의 실질적 요소로서의 잔혹이 문제인 것이다. 이러한 의미에서의 감염과 잔혹, 그것들은 '하나의 참다운 병'이며 불사에 이르려는 전염병이다. 아르토는 이것이 병임을 명확히 자각하고 있었기 때문에 잔혹이라는 말을 사용한 것이다. 본질의 변형, 그것은 잔혹 이외의 그 무엇도 아니다. 왜냐하면 인간의 본질을 증오하는 자가 다른 인간에 의해서가 아니라 실은 그 본질에 의해서만 자신의 존재가 사랑받고 있다고 느끼는 경우 그는 이에 대해 사랑과 증오의 충격에 동시에 휩싸이지만, 증오(무능력)가 우세를 점한다면 그는 자신을 사랑해주는 그 본질에 대해 파괴 혹은 변형을 가하려고 하기 때문이다. 이 감정을 잔혹이라 부른다.[13]

---

13) "보충: 자신이 증오하는 자에게 사랑받고 있다고 표상하는 사람은 동시에 증오와 사랑에 사로잡힐 것이다", "주석: 만일 증오가 우위를 점한다면 그는 자신을 사랑해주는 자에게 해악을 가하려고 힘쓸 것이다. 이러한 감정은 분명 잔혹(Crudelitas)이라 불린다. 특히 사랑하는 자가 증오의 어떤 일반적 원인도 제공하지 않았다고 생각되는 경우에 그러하다"(스피노자, 『에티카』, 3부, 정리 41, 보충과 주석). 마찬가지로 3부, 감정[정서]의 정의 38도 참조할 것. 나는 본문에서 "실은 그 본질에 의해서만 자신이 사랑받고 있다고 느끼는 경우"라고 썼다. 그 이유는 본질이란 적어도 인간의 존재력의 증대(기쁨, 사랑…)를 통한 자기의 실현에 대해 작용하는 역능이며, 그런 한에서 본질 그 자체는 그 존재에게 처음부터 아프리오리하게 주어진 절대적인 기쁨이나 사랑이라 생각할 수 있기 때문이다.

2. 욕망하는 병행론·분신론

1) 들뢰즈/가타리와 분열종합적 사유

스피노자는 모든 인간을, 바꿔 말해 모든 "정상병자"[14]를 적으로 돌리고 있다고 할 수 있다. 그래서 나는 다음과 같이 생각하고 싶다. 이 정상병에 대한 비판의 경험이 하나의 실재적인 경험이 되어 '정신분석적 사유'와 결코 화해할 수 없는 '분열분석적 사유'를 형성하는 원인이 됨에 틀림없다고. 여기서 말하는 분열분석적 사유란 반도덕적인 에티카의 사유이다. 그렇다면 "정상병"이란 무엇인가. 그것은 의미와 가치라는, 결코 물체처럼 제조도 파괴도 되지 않는 비물체적인 것에 관한 하나의 생활습관병, 기억습관병이며[15] 목적론, 다의성, 유비, 가능성, 부정, 의식, 선악, 표상, 언어, 가족적 관계, 커플관계, 과학

---

14) Cf. F. Guattari, *Chaosmose*, Galilée, 1992, p. 103 / 『カオスモーズ』, 宮林寛·小沢秋広訳, 河出書房新社, 2004, p. 117 [『카오스모제』, 윤수종 옮김, 동문선, 2003, 98쪽]. 여기서 서술되었듯이 "정상병자"(normopathe)는 라 보르드(La Borde) 정신병원의 창설자이자 이 병원에서 가타리의 좋은 파트너였던 장 우리(Jean Oury)가 사용한 말이다.

적 지성과 종교적 감정, 생식활동 등에 사로잡히는 것, 혹은 이것들의 언어에 사로잡히는 것, 실재성의 전부를 이것들 안에 가두는 것, 이를테면 다수자에게 고유한 불치병, 공동주관적 신념을 형성하는 표상지imaginatio나 마음이라는 것의 출현이다(그렇지만 다수자의 진짜 가치는 이러한 것에 따라서가 아니라, 역으로 반목적론, 일의성, 필연성, 무의식, 긍정성, 개념, 정동, 무신론, 반도덕, 반과학, 소진된 것, 절대적 비통, 잔혹, 감염성 등만이 가질 수 있는 고귀함과 용감함을 얼마나 사람들에게 환기할 수 있는지에 따라 오히려 결정되는 것이다). 하지만 여기서 나는 스피노자만이 건강하다고 말하고 싶은 것은 아니다. 차라리 스피노자는 발광한 개념창조를 기획하는 분열적인 경험론자, 반-규범적인 인식론자라는 것이다.

여기에 있는 것은 질병과 건강 간의 단순한 질적인 차이가 아니라, 부정을 매개로 하여 무능력의 다수성을 낳는 병자와, 긍정으로서의 능력들의 다양성을 산출하는 병자 간의 차이이다. 니체가 말하는 "병자의 광학"이란 이러한 차이를 비춰내는 빛의 인식론이다. 여기에는 동일성의 다양한 특성이 아니라 바로 차이의 본성을 비춰내는 빛이 존재하는 것이다. 중요한 것은 이 새로운 병이 어느 특정한 병을 배제하는 하나의 병이라는 점이다. 이는 정상병을, 그리고 다의성

---

15) 스피노자, 『에티카』, 2부, 정리 18, 주석 참조. 여기서는 지성의 질서에 따라, 이를테면 기억의 질서와 습관의 질서 양쪽이 동시에 비판된다.

과 이상주의를 배제하는 병자의 광학, 빛의 인식론이다. 죽음조차도 여기서는 다른 죽음과 대립할 것이다. 이 빛은 어둠과 대립하는 것이 아니라, 도리어 다른 가시적인 빛과 대립하는 것이다. 그것은 이 가시적인 빛의 체제에 반하는 것들에 '봐야 할 것', 볼 수밖에 없는 것을 비춰준다. 이런 한에서 말하면 스피노자나 니체 이상으로 이 인식자로 가장 잘 어울리는 자는 바로 아르토이다. 그는 불사에 이르는 '하나의 참다운 병'을 완벽히 파악하고 있었다. 아르토는 자크 리비에르 Jacques Rivière에게 보낸 편지에 다음과 같이 썼다. "독자는 시대의 하나의 현상이 아니라 하나의 참다운 병을 믿어야 합니다. 즉 존재의 본질, 표현에 있어 존재의 가능성에 접하는 병, 그리고 하나의 삶 전체에 적합한 병을 믿는 것이 필요한 것입니다."[16] 인간 본성을 잔혹한 변형으로 이끄는 가운데서만, 혹은 본성의 비명, 본질의 외침 속에서만 우리의 존재의 의미와 인간의 구제가 있다고 해야 할 것이다. 이는 질병이라는 방식으로만 우리에게 주어지는 것이다. 불사에 이르는 병이란, 신체의 존재와 그 본질 사이에 뻗은 하나의 강도의 이름이다.

아르토는 같은 편지에서 리비에르에게 "왜 거짓말을 합니까"라고 묻는다. "왜 삶의 외침 그 자체인 사항을 문학적 국면에 두려는 것

---

16) A. Artaud, *Correspondance avec Jacques Rivière* (1927), *Œuvres*, p. 80 /「ジャック・リヴィエールとの往復書簡」, 粟津則雄 訳, 『神経の秤・冥府の臍』, 現代思潮社, 1971, p. 59. 인용자 강조.

입니까. 왜 영혼의 뿌리 뽑을 수 없는 실질로 이루어진 것, 실재성의 신음 소리 같은 것에 허구의 외견을 부여하려는 것입니까. [⋯] 우리에게는 거짓말을 할 권리가 있지만, 사항의 본질에 관해서는 그렇지 않습니다." 비슷한 물음을 제기할 수 있다. 왜 외침의 음조성을 가진 문체를 돼지처럼 추한 에크리튀르 일반의 산물로 만들려 하는가. 왜 존재라는 분변糞便 속에서만 문제를 해결하려 하는가. 왜 물체의 표면으로만, 즉 내장의 표면 혹은 그 표면의 언어로만 문제를 축소하는가. 왜 신체의 문제를 내장으로서만 취급하는가. 왜 신체의 본질을 그 신체의 존재의 분신으로서 파악하려 하지 않는가. 왜 무의식을 의식에 관해서만 이해하려 하는가. 왜 무의식을 사유와 신체에 관한 긍정적인 요소로서 생각하지 않는가. 왜 비물체적인 것의 변형의 비축고로서 무의식을 투여하지 않는가.

그런데 정신분석을 생각해보면, 틀림없이 사람들 사이에서 기능해왔고 현재도 충분히 사람들 사이에서 특정한 효용이 있을 것이다. 다만 그 본성상 모든 것을 환상에 의해, 표상상과 말의 언어에 의해 해결하므로 표상지 속에 우리의 정신을 고정하는 한에서, 혹은 정신이라는 하나의 비물체적인 우주를 다의성과 유비로 채우는 한에서만 기능하는 데 불과하다고 여겨진다. 그런 한에서, 즉 결여와 잉여의 도덕학인 한에서 정신분석은 유효한 것이다. 바꿔 말해 일의성의 철학의 관점에서 보면 정신분석은 역시 어디까지나 '존재의 유비'와 이에 대응한 '이미지의 사유'—너무 많아서 일일이 셀 수 없지만, 예컨대 전이나 대상 a와 같은 정신분석의 기본개념은 엄밀한 비례성(서로 다른 항들 사이를 이행하기 위해 전제가 되는 관계=비의 동등성, 유비의 다리, 존재의 어둠 속에서의 도약 등)의 사유 아래에서 성립한다 ─에 대응하고, 또한 이것들을 분유하는 의식에 대한 형이상학적인 '무의식'에 관한 상징적인 작업이라 할 수 있다. 사실 정신분석적 사유는 이와 같은 존재의 유비나 다의성, 이미지의 사유나 말의 언어와 꼭 대립하지는 않으며, 그 사유들에 대해 새로운 문제제기나 비판을 전개하지도 그것들을 파괴하지도 않을 것이다.

반면 들뢰즈/가타리가 『안티오이디푸스』에서 제기하는 "분열-분석"schizo-analyse은 정상병이나 그 사유(우월성, 다의성, 유비, 부정성, 목표, 기호 등에 의거한 것)와 이를 전제로 한 넓은 의미의 정신장애, 그리고 특히 이것들을 사용하는 사람들을 비판함과 동시에 바로 '존재의 일의성'(혹은 '인식의 일의성' ─이는 스피노자의 원근법주의를 이루고 있는 것이다)을 형성하는 것, 다시 말해 현실에 이 일의성을 산출하고 배분하는 정신의 선험적 '무의식'을 형성하는 것이다. 특히 가타리가 도입한 이 "분열분석"에 따라 들뢰즈는 정신분석과 반드시 일치하지는 않지만 그것과 화해 가능한 결과들을 낳고 있었던 그 이전의 철학적 사유를 심화하여, 바로 정신분석적 사유와 결코 화해할 수 없는 지점에서의 사유를, 즉 '분열분석적 사유'를 획득한 것이다. 한마디로 그것은 스피노자주의와 분열증의 위대한 종합 ─"실재적인 것〔현실계〕의 일의성" 혹은 "무의식에 관한 스피노자주의"[17] —— 이다. 스피노자 철학은 분열증에 의해 새로운 실재적 강도를 획득하고, 분열증은 스피노자주의 내에서 완전한 표현의 형식을 찾아내는 것이다. 이 경험, 즉 정상병자의 삶과 죽음을 비판하려는 이러한 분열분석적 경험은 각각의 양태, 그 생존의 양태 속의 침묵하는 그러나 외침의 음조성을 가진 부분적 강도를 감각하고, 또한 정신의 무의식을 생산하는 것과 신체의 존재의 분신으로서 탈기관체를 발생시키는 것에 관해 그 실재적인 요소들이 되는 것이다.

2) 정신적-물리적인 합일론에서 분열적-신체적인 분신론으로

우리는 정신과 신체의 경험주의적 병행론 즉 분신론을 형성하기 위해 먼저 이렇게 말하자. "'분석하라' 그리고 '형식화/이론화하라', 결정적으로 쇠약한 사유, 죽은 정신분석이여, 혹은 차라리 모든 면에서 스콜라화된 현대의 죽은 분석사유여." 이러한 분석사유는 개념을 창조해내려 하지 않고 정상병과 그 표상상에 딱 달라붙어 오로지 이론과 용어만으로 일을 도모하려 한다. 즉 개념 없는 단순한 이론적 견해밖에 낳지 못하는 '훈계하라'이다. 그러나 분열분석의 작업은 이

---

17) Cf. G. Deleuze, *Pourparlers*, pp. 197~198 / 『記号と事件』, pp. 241~242 ; Note pour l'édition italienne de *Logique du sens*, in *Deux régimes de fous*, Minuit, 2003, p. 60 (이하 *DRF*로 표기) / 「『意味の論理学』イタリア語版への覚え書き」, 宇野邦一 訳, 『狂人の二つの体制 1975-1982』, 河出書房新社, 2004, pp. 87~89.

2. 욕망하는 병행론 · 분신론 53

와는 전혀 다르다. 그것은 분석이라기보다도 오히려 완전한 종합이
다. '이것이냐 저것이냐'의 배타적인 관계가 아니라 '이것이든 저것
이든'이라는 불공가능성의 관계를 가능세계 없이 유일하고 동일한
세계에서 파악하려는 이접적 종합은 이런 의미에서 엄밀하게는 '분
열-종합'schizo-synthèse의 한 유형이다. 그것은 '분석하라', '훈계하
라'를 대신하는 '파괴하라', '생산하라'이며 이 두 활동=동사의 종합
이다. 들뢰즈/가타리는 분열분석에서의 이 '파괴하라'라는 첫 번째
의 부정적인 작업이 '생산하라'(이는 각 욕망하는 기계들 —— 관계가 외
재화된 가운데 연결 없는 것끼리 연결되어 작동하는 결합체 —— 의 존재
의 양태를 보아내는 것, 사회적 영역을 투여하는 것, '강도=0'(즉 탈기관
체)을 투여하는 것이다)라는 두 번째의 적극적인 작업과 분리될 수 없
다고 하는데, 여기서의 생산이 바로 **파괴의 충동을 의식한 욕망의 생산**
이기 때문이다.

한편 스피노자에게는 정신분석의 대상이 될 수 있는 정신이나
그 심적 과정(정신의 가멸可滅적 부분, 의식 일반)에서 정신분석의 대
상이 결코 될 수 없는 정신(신체의 본질과 관계될 수 있는 정신)으로
의 실재적인 변동과정 문제가 실천철학으로서 구성되어 있다고 할
수 있다. 하지만 스피노자에게서 마음의 심층으로서 프로이트적 무
의식을 찾아내려는 노력이 늘 헛되이 끝나는 것은 스피노자에게서
의 무의식이 의식을 뛰어넘은 정신의 무의식이며, 따라서 동시에 신
체라는 긍정적인 '무-의식'이기 때문이다. 이는 기존 개념들의 운용

을 규정하는 적용의 질서 안에서 발견되는 것이 아니고, 단지 아프리오리하게 우리에게 주어진 것이 아니라, 신체와 함께 형성되고 산출되는 것이기 때문이다. "사람은 신체가 무엇을 행할 수 있는지, 또한 단지 신체의 본성을 고찰하는 것으로부터 무엇이 도출되는지 알지 못한다."[18] 『에티카』에서 이 유명한 문장이 등장하는 긴 주석을 통해 스피노자는 바로 정신이 의식으로 환원되지 않고, 또한 이와 동시에 우리의 의식에 정위한 인식도 "신체가 무엇을 행할 수 있는지" 알지 못한다(다시 말해 의식은 '신체가 실제 무엇을 하고 있는지'조차 알지 못한다)는 것을 보여주고 있다. 즉 신체에서의 어떤 '결정'determinatio이 정신에서의 그 '결의'decretum와 본성상 동시적이라는 것, 바꿔 말하면 우리의 활동은 의식 내에서 자각된 '자유로운 결의' ──이것을 스피노자는 눈을 뜬 채 꿈을 꾸는 것과 같다고 한다── 에 입각하여 이루어지는 것이 아니라, 신경증적인 의식이나 코기토를 뛰어넘은 '정신의 결의=신체의 결정'에 의해 이루어진다는 것이다(이런 의미에서 무의식이란 실재적 구별이라는 '사이'의 문제임과 동시에 이 구별 ──대립 없는 구별── 그 자체일 것이다). 이에 따라 바로 스피노자에게 고유한 무의식의 문제가 제기될 것이다. 즉 이 경험주의적 병행론 자체가 이미 '에티카'에서의 무의식의 형성을 보여주고 있다는 것

---

18) 스피노자, 『에티카』, 3부, 정리 2, 주석.

이다.[19] 무의식의 생산, 그것은 욕망하는 병행론의 형성에 의해 달성되는 것이다.

들뢰즈의 스피노자론의 가장 큰 특징은 스피노자의 경험주의적 측면을 개념들의 '형성의 질서' 아래 실천철학으로서 밝힌 점에 있다.[20] 다시 말해 이는 삶에 관한 하나의 완전한 합리론을 '불사'에 관

---

19) Cf. G. Deleuze, "Quatre propositions sur la psychanalyse", *DRF*, pp. 73~74 / 「精神分析をめぐる四つの命題」, 宮林寬 訳, 『狂人の二つの体制 1975~1982』, pp. 109~110. "무의식, 당신들은 이것을 생산해야만 한다. 무의식을 생산하라. 아니면 당신들의 정신 증후군, 당신들의 자아, 당신들의 정신분석가와 함께 있으라. […] 무의식을 생산하는 것." 무의식을 생산하라, 이는 '병행론을 형성하라', 즉 '분신의 선을 잡아당겨라', '분신론을 작동하라', '분신을 투여하라'는 것이다.

20) 개념 적용의 차원에서의 '사변적 시점'과 개념 형성의 위상에서의 '실천적 기능' 간 차이, 그리고 이 후자의 경험론적 의의 ——이 논점들이야말로 경탄할 만한 일의성의 사상을 제기한 혁명적 이단자로서의 스피노자를 두드러지게 한다 ——에 관해서는 *SPE*, pp. 134~136, 259~262 / pp. 150~152, 295~299 [『스피노자와 표현 문제』, 178~181, 344~348쪽]; *SPP*, pp. 27~43, 127~129, 160~161 / pp. 27~48, 95~97, 209~211 [『스피노자의 철학』, 31~47, 141~143, 176~177쪽]을 참조할 것. 미뉘(Minuit)출판사에서 간행된 들뢰즈의 『스피노자—실천철학』[한국어판 『스피노자의 철학』]은 그로부터 11년 전에 PUF(프랑스대학출판부)에서 나온 『스피노자』(1970)를 기본으로 하여 대폭으로 증보·가필한 것인데, 유감스럽게도 이 구판에 있었던 「텍스트 발췌집」 부분(총 26쪽[3개 절])은 신판에서 완전히 생략되어버렸다. 그래서 들뢰즈 자신에 의해 각 발췌에 붙여진 간단한 표제와 발췌한 곳을 참고를 위해 번역해둔다. "텍스트 발췌집, (A) 비판, 1. 의식에 대한 비판: 놀랍게도 신체는…(『에티카』, 3부, 정리 2, 주석), 2. 왜 우리의 관념은 본래 불완전한가(『에티카』, 2부, 정리 28, 증명과 주석), 3. 법에 대한 비판: 아담의 오해(『신학정치론』, 4장), 4. 우리는 완전한 관념에 따른 두 종류의 감정을 갖는다(『에티카』, 3부, 정리 11, 주석 / 정리 39, 주석 / 감정의 일반적 정의), 5. 슬픔의 감정과 이 감정을 이용하는 사람들에 대한 비판(『에티카』, 4부, 정리 45, 주석 / 정리 63, 주석 / 부록 13 / 5부, 정리 10, 주석), 6. 종교에 대한 비판과 종교의 의미: 복종하기(『신학정치론』, 13장), (B) 완전한 것의 획득, 7. 방법: 어떤 참다운 관념에서 출발하여 우리 자신과 신과 그 밖의 사물에 관한 완전한 인식을 산출하기

한 높은 차원의 경험론으로, 혹은 자연계의 일의성에서 반자연의 융 즉으로 표현 수준의 가치전환을 수행하는 것이다. 스피노자의 일의 성의 철학은 단지 철학사에 등장하는 존재의 일의성의 이론적 계보 에서 안정된 위치를 부여받은 것이 아니다. 그것은 '일의적 존재' 개 념의 경험론적 형성 아래서만 사유될 수 있는, 그 자체가 하나의 결 정적인 사건이며, 또한 이 '일의적 존재' 자체가 모든 사건에 대한 유 일하고 동일한 사건으로서 파악되어야 하는 것이다. 그렇지만 오늘 날 스피노자의 실천철학에서, 특히 그 병행론의 논의에서 이러한 경 험론의 비판성이 거의 사라진 것 같다. 병행론은 실제 있는 그대로 의 정신(즉 일반적으로 마음이라 불리는 것)과 신체(즉 일반적으로 몸이 라 불리는 것) 간의 관계를 단지 더 잘 설명할 뿐인 개념이 아니라, '다

(『지성개선론』, 37~40), 8. 왜 공통개념은 우리의 완전한 관념인가(『에티카』, 2부, 정리 39, 정리와 증명과 보충), 9. 어떻게 우리는 공통개념에 도달하는가: 기쁨의 감정에서 출발하 여 외부의 사물과 우리 자신에게 공통인 것에 관한 관념을 형성하기(5부, 정리 10, 정리와 증명과 주석), 10. 공통개념에서 신의 관념으로(2부, 정리 46, 증명 / 정리 47, 주석), 11. 신의 관념의 첫 번째 측면: 속성마다 다른 유일한 실체(1부, 정리 8, 주석 2), 12. 신의 관념의 두 번째 측면: 모든 속성에 대한 유일한 실체(2부, 정리 10, 증명과 주석), 13. 원인의 일의성: 자기원인과 동일한 의미로 말해지는 모든 사물의 원인인 신(2부, 정리 3, 주석), 14. 속성 들의 일의성: 여러 가지 동일한 속성이 신의 본질을 구성하고 여러 산출물의 본질 내에 포함된다(2부, 정리 7, 주석), (C) 양태의 상태들, 15. 존재하는 개체(2부, 정의, 보조정리 4, 5, 6, 7, 주석), 16. 죽음이 의미하는 것(4부, 정리 39, 증명과 주석), 17. 영원의 특이한 본질(5부, 정리 23, 증명과 주석), 18. 악은 본질에 관해 아무것도 표현하지 않는다(『왕복서한집』, 서한 23〔스피노자가 블레이은베르흐에게〕), 19. 3종 인식과 본질들: 나와 사물과 신(『에티카』, 5부, 정리 25, 증명 / 정리 31, 증명), 20. 개체의 사후에 본질상 남는 것(『에티카』, 5부, 정리 38, 증 명과 주석)"(Cf. G. Deleuze, *Spinoza*, PUF, 1970, pp. 101~126).

른 것으로-생성하는' 정신과 신체를 현실에 낳고, 따라서 모든 의미와 가치의 변형에 관한 개념, 이들의 새로운 형성에 관한 개념이어야 하며, 또한 그 개념의 새로운 수육의 체제에 관한 문제론이어야 한다. 그것은 이른바 '존재론적 병행론'(속성을 달리하는 모든 양태에 관해 말해지는 병행론)에서 '인식론적 병행론'(관념과 그 대상 간의 일반적인 병행론)으로, 그리고 또한 이 인식론적 병행론의 개별적 사례임과 동시에 우리의 구체적인 심신관계를 규정하는 심신병행론 즉 "정신적-물리적"psycho-physique 병행론[21]으로 그 해상도를 높여도 결코 감지될 수 없는, 형성의 차원 아래서 사유되는 병행론이며, 양태의 결정=결의의 차원에서 생산되는 병행론이다. 바꿔 말하면 그것은 **경험주의적 병행론, 욕망하는 병행론**이며 어떠한 비례성도 즉 어떠한 관계=비의 동등성('a : b = c : x')도 전제하지 않고 모든 기성의 관계성에 대한 절대적인 원근법주의를 동반한, 파괴와 생산을 조건으로 하여 **전이하는 병행론**, 즉 '정신적-물리적'을 대신하는 이를테면 '**분열적-신체적**'schizo-corporel 병행론 —— 요컨대 '분신론' —— 이다(가타리라면 이 병행론 자체는 완전히 긍정적인 의미에서 '비물체적'이라 할 것이다[22]).

내가 여기서 제기하는 이 욕망하는 '분열적-신체적' 병행론은

---

21) Cf. *SPE*, p. 100 / p. 110 [『스피노자와 표현 문제』, 132쪽].

정신에서의 '비판의 문제'와 신체에서의 '임상의 문제'의 병행론이며, 설령 표현이 문제가 될지라도 생산의 문제로서 제기되고 있음을 잊어서는 안 된다. 클레르 파르네Claire Parnet가 "비판과 임상은 엄밀

---

22) 가타리는 초기 스토아학파의 이 '비물체적'(incorporel)이라는 말을 들뢰즈 이상으로 많이 사용할 뿐만 아니라 그 이상으로 거기에 새로운 의미를 부여한다. '비물체적인 것'의 개념을 쇄신하고 '비물체적 우주'를 정위한다는 의미에서 가타리는 21세기의 사상가이기 이전에 그 과격함 때문에 오히려 20세기의 크뤼시포스라고 해야 하지 않을까. 예컨대 스피노자와 라캉에 관해 다음과 같이 결정적으로 '비물체적인 것'의 개념이 사용되고 있다. "스피노자를 달리 말해, 나는 비물체적 세계에는 본질적으로 그 자체에 의해 존재하는 것이 속한다고 할 것이다."(F. Guattari, *Cartographies schizoanalytiques*, Galilée, 1989, p. 196 / 『分裂分析的地図作成法』, 宇波彰・吉沢順 訳, 紀伊國屋書店, 1998, p. 246) 다만 이러한 가타리의 논의는 특히 스피노자의 『デカルトの哲学原理』(畠中尚志 訳, 岩波書店, 1995) 중 "정리 16. 신은 비물체적이다(Deus est incorporeus)"를 사용한 것이리라. "언어표현의 실질과 비언어표현의 실질은 사전에 만들어진 유한한 세계(라캉적인 대문자 '타자'의 세계)에 속하는 논의의 연쇄와 무한한 창조적 잠재성을 지닌 비물체적 역치(이는 라캉적인 '수학소'mathème와는 아무 관계도 없다)가 교차하는 지점에서 확립된다." (*Chaosmose*, p. 43 / 『カオスモーズ』, p. 44) "하지만 라캉은 […] '욕망하는 기계들'을 — 그가 이 이론에 착수했는데도 — 적절히 **비물체적인 잠재성의 권역**에 위치짓지 않았다."(*Ibid.*, p. 132 / p. 151. 인용자 강조) "잠재적이고 비물체적인 '세계'."(*Cartographies schizoanalytiques*, p. 13 / 『分裂分析的地図作成法』, p. 14) 가타리가 이처럼 잠재성의 영역을 비물체적인 것으로서 명확히 파악한 것은 매우 중요한 사항이다. 이처럼 '비물체적인 것' 개념의 용법에 주목함으로써 우리는 가타리의 사유로부터 더 많은 철학적인 사항을 끌어낼 수 있을 것이다. 또한 장 우리도 이러한 가타리의 영향을 받았는지 다음과 같이 기술했다. "관료적 기준의 틀은 응축된 질의 차원에 있는 것을 잴 수 없으며, 스토아학파가 말하는 의미에서의 비물체적인 차원에 있는 것을 잴 수 없다."(장 우리의 서문, 『精神の管理社会をどう超えるか — 制度論的精神療法の現場から』, 松籟社, 2000, p. 16) 다만 당연한 이야기지만 스피노자는 이 '비물체적'(incorporeum)이라는 부정적인 말 자체의 사용에 관해서는 비판적이다(『知性改善論』, 畠中尚志 訳, 岩波書店, 1992, 88~89節 참조). 스피노자에 따르면 인간은 사물의 본성을 알지 못하므로 긍정해야 할 것에 대해 부정적인 말을 쉽게 사용해버리기 때문이다.

히 동일시되어야 할 것이다"라고 한 것은 분명 옳다.[23] 그러나 이 '엄밀히'란 어디까지나 그것들이 '병행론을 이루고 있는 한에서'라는 의미로 이해할 필요가 있다. 여기서 비판의 문제란 표상상과 말의 언어에서, 혹은 상상적인 것과 상징적인 것에서 생성과 강도를 내용으로 갖는 '관념-욕망'으로 정신의 역능 즉 사유의 힘의 수준을 변형하는 것이다. 또한 임상의 문제란 '거울' 그 자체, 예컨대 라캉의 거울단계를 만들어내는 거울, 타자로서의 거울, 라이프니츠의 형이상학적인 살아 있는 거울, 반사 혹은 표현하는 거울 등의 철저한 파괴작업임과 동시에 유아기 신체의 본성을 보다 강력히 표현하는 한에서 현재의 현실적인 신체를 '다른 신체'로 변화시키는 것이다. 이 두 가지 문제는 '에티카'의 필연성, 그리고 공포가 극복된 잔혹의 필연성 속에서만 완전한 병행론을 이룰 수 있는 것이다.[24] 그러므로 다수자의 언어인 분절언어, 문법적으로 분절된 말의 언어에의 비판 없이 이 임상의 문제는 있을 수 없으며, 그와 동시에 말의 의미가 아니라 비물체적인 것의 변형이라는 사건을 산출하는 신체, 즉 '다른 신체'를 문제화하지 않는다면 비판의 문제는 어디에도 존재하지 않게 될 것이다.[25]

---

23) Cf. G. Deleuze & Claire Parnet, *Dialogues*, Flammarion, 1977, ouvrage réédité en 1996, p. 142 / 『ドゥルーズの思想』, 田村毅 訳, 大修館書店, 1980, p. 180 [질 들뢰즈·클레르 파르네, 『디알로그』, 허희정·전승화 옮김, 동문선, 2005, 210쪽].

24) 잔혹의 필연성에 관해서는 A. Artaud, *Le Théâtre et son Double*, in *Œuvres*, pp. 552, 566~567 / 『アントナン·アルトー著作集 I. 演劇とその分身』, pp. 130, 167~168 참조.

이러한 의미에서 병행론은 단지 아프리오리하게 우리에게 주어지는 것이 아니라 우리 자신이 형성하는 것이며, 욕망 안에서 바라고 있는 내재적 실체를 구성하는 것, 즉 생산적 무의식이다. 이렇게 생각하면 스피노자의 실천적인 '욕망하는 병행론'을 제기함으로써 우리는 분열분석적 사유가 내포하는 보다 창조적인 철학적 문제들을 분명히 할 수 있을 것이다. 그렇다 하더라도 우리는 병행론이라는 표현에 위화감을 느껴야 하지 않을까. 스피노자 자신은 병행론이라는 말로 자신의 철학을 주장한 적은 없다. 이는 오히려 라이프니츠가 사용한 말이며 그의 병행론은 다음과 같이 정의된다. "나는 영혼에 일어나는 것과 물질에 일어나는 것 간의 완전한 병행론을 확립했다. 이 병행론에 따라 나는 다음을 보인 것이다. 즉 영혼과 그 작용은 물질과는 구별되는 어떠한 사물이지만, 그 영혼은 물질적인 기관들을 항상 동반하고 영혼의 작용 또한 이에 대응해야만 하는 기관들의

---

25) 예컨대 아르토는 『연극과 그 분신』의 「언어에 관한 편지」에서 문법적으로 분절된 「말의 언어」에 대한 비판과, 추상적인 가치를 가지며 추상적인 변질 속에서만 포착되는 높은 차원의 연극적 '관념'에 관한 철학적인 주장을 했다(Cf. Artaud, *Le Théâtre et son Double*, pp. 568~579 / 『アントナン・アルトー著作集 I. 演劇とその分身』, pp. 173~201). "관념들의 이러한 **연골질의 변형**(transformations cartilagineuses)을 고려하지 않으면 완전한 연극은 있을 수 없습니다. […] 한마디로 말해 연극의 가장 높은 관념이란 우리를 철학적으로 '생성'과 화해시켜주는 관념이며, 모든 종류의 객관적 상황을 통해 낱말 속에서의 감정들의 변화나 충돌에 관한 관념보다도 사물 속에서의 관념들의 통과와 변질에 관한 순간의 관념을 훨씬 더 우리에게 암시하는 관념인 것 같습니다."(*Ibid.*, p. 571 / p. 180. 인용자 강조)

작용을 항상 동반한다. 그 역도 성립하며, 게다가 언제나 그러할 것이다."[26] 하지만 스피노자의 철학에 병행론이라 할 수 있는 것이 확실히 있다면 그것은 이러한 의미에서의 대응, 응답, 부수와 같은 개념으로 환원되는 한에서 이해되는 두 가지 사물 혹은 두 가지 계열의 사물의 특정한 관계만을 나타내는 것은 아닐 것이다. 원인과 결과 사이의 불변적인 '관계=비'를 전제로 하여 소박한 인과성의 '관계=연관'밖에 상기시키지 않는 병행론은 이미 우리에게 철학의 힘도 윤리학의 역능도 갖게 할 수 없을 것이다. 경험주의적 병행론은 이러한 개념에 대한 비판과 이를 전부 신체의 임상의 문제로 보는 분신론으로 전환하는 지점을 가지고 있는 것이다. 요컨대 병행론이란 '분신론'이다. 다시 말해서 병행론은 분신론의 한 결과에 불과하다. '다른 신체'를 기점으로 했을 때 병행론은 바로 분신론이 되는 것이다. 스피노자의 철학에 관해 병행론이라는 조사措辭 그 자체를 사용하는 것을, 혹은 라이프니츠적인 지성의 차원 아래에서 병행론을 이해하는 것을 이제 그만둬야 한다. 또한 일반성이 높은 개념에서 보다 낮은 개념으로의 자연의 이행을, 혹은 개념에서 직관으로의 적용의 행위를 멈춰야 한다. 비판과 임상이 늘 '다른 신체로'라는 문제의식을

---

26) G. W. Leibniz, "Considérations sur la doctrine d'un esprit universel unique", *Philosophische Schriften*, 1885, p. 533 /「唯一の普遍的精神の説についての考察」, 佐々木能章 訳, 『ライプニッツ著作集 (第八巻) 前期哲学』, 1990, p. 127.

동반한다면 이러한 병행론은 단적으로 분신론이라 불려야 하는 것이다.

3) 욕망하는 병행론·분신론(그 첫 번째 규정)

그럼 이러한 의미에서의 병행론·분신론의 과정을 구체적으로 생각해보자. **첫째로** 불완전성이나 결여나 부정과 같은 개념을 배제하고 신체를 긍정하는 **비판적** 관계(혹은 더 적극적으로 말하면 실재성의 '정도의 차이'의 관점)라는 계기를 설정할 수 있을 것이다 ─ 다시 말해 이는 언제, 어떻게 사람은 실재의 영역을 정립하는가 하는 문제제기가 가능케 되는 장면이다. 스피노자는 다음과 같이 기술한다. "나는 정신이 혼란스러운 관념에 따라 자기의 신체 혹은 그 부분에 관해 이전보다 크거나 작은 존재력을 긍정한다고 말한다. 왜냐하면 물체들에 관해 우리가 가지는 모든 관념은 외부 물체의 본성보다도 우리 신체의 현실적 상태를 더 많이 표시하는데, 감정의 형상을 구성하는 관념은 신체 혹은 그 어떤 부분의 활동역능 혹은 존재력이 증대하거나 감소함으로써, 즉 촉진되거나 저해됨으로써 신체 혹은 그 부분이 드러내는 상태를 지시 혹은 표현해야 하기 때문이다."[27] 여기에 신체와

---

27) 스피노자, 『에티카』, 3부, 「감정의 일반적 정의」.

정신에 관한 부정이나 불완전성의 개념은 존재하지 않는다. 뿐만 아니라 여기서 말해지는 완전성은 불완전성과 짝을 이루는 개념이 아니다. 즉 보다 작은 완전성은 보다 큰 완전성의 결여나 부재를 결코 의미하지 않는다는 것이다. 비록 슬픔의 감정일지라도 이는 단지 기쁨의 결여도 인식의 착오도 아니며 긍정되어야 할 하나의 적극적인 이행상태(우리의 활동역능의 감소)를 나타내고, 이 실질적 이행을 표현하는 사건으로서의 '슬퍼하기'에 고유한 강도(혹은 욕망), 예컨대 분노, 복수심, 증오, 질투와 이것들에 따른 행위에의 결의를 지니는 것이다 —— 이 선상의 한 극한에 테러가 있다고 할 수 있다. 신체는 외부 물체에 따라 그 완전성의 흐름이 가속되거나 막히거나 하는 하나의 유체이며, 외부 물체의 본성보다도 자기 신체의 본성을 중심으로 하여 모든 방향으로 그러나 원근법주의적으로 열린 그 접촉공간을 소용돌이 모양으로 조직화한다. 요컨대 이러한 감정의 강도만을 어떤 신체에 둘러치는 존재의 양식이 있다는 것이다. 혹은 이러한 감정들로부터만 출발할 수 있는 신체의 생존양식이 있다는 것이다. 잊지 말아야 할 것은 이러한 슬픔에 관한 강도들도 자연의 필연성이며, 폭풍이나 천둥이 '대기의 본성'에 속하듯 [이 강도들도] 자연의 본성에 속하는 힘들이라는 점이다.[28]

---

28) 스피노자, 『에티카』, 3부, 머리말; 『国家論』, 畠中尚志 訳, 岩波書店, 第一章·第四節 [스피노자, 『신학정치론·정치학논고』, 최형익 옮김, 비르투, 2011, 390쪽] 참조.

여기서 스피노자가 말하는 '긍정하기'란 동일한 신체의 두 가지 상태나 그 관념들의 비교를 통한 작업도 아니고, 그러한 비교의 결과를 기대하여 규정되는 활동=동사도 아니다. '긍정하기'란 그 자체로 실재성을 포함하는 어떤 것의 영역, 수동감정 속에 포함된 **어떤 적극적인 것의 영역**을 정립하는 것이다. 그러므로 아무리 작은 존재력일지라도 긍정되는 것이다. 하지만 긍정되어야 할 양태의 개체화는 존재력이 가장 낮은 정도에서 끝나는 것이 아니다. 왜냐하면 모든 것을 특이한 것으로서 산출하는 내재적 실체(신)의 필연성은 완전한 수동성이라는 이 정도가 가장 낮은 것에까지 이르렀지만, 이로부터 다시금 이 동일한 필연성 아래에서 서로 다른 전개나 결정(형성의 질서) 속에서의 양태의 개체화까지도 긍정하기 때문이다. 외부로부터 인식작용이나 지향성을 가져옴으로써 스피노자의 정신을 의식으로, 관념을 지향성으로 환원하거나, 혹은 스피노자의 관념을 단순한 관념론idéalisme에 직결하는 것이라 생각하는 한, 형성의 질서에서 병행론을 구성하는 두 가지 요소는 결정적으로 빗나간 것으로서 파악될지도 모른다. 그러나 그렇게 생각해버릴 내적인 이유가 오로지 한쪽의 요소여야 할 정신 ── 다만 처음부터 의식과 등가라고 간주된 정신 ── 쪽에 있는 것도 사실이다. 왜냐하면 의식은 신체가 행할 수 있는 것에 결코 미치지 않기 때문이다. 즉 신체의 과정에는 의식이 목표로서 도달하려는 정점이나 전형이 거의 존재하지 않기 때문이다. 중요한 것은 병행론에서는 분명히 신체가 정신에 대한 지도적 모델이 되는 장면이 있다는 점을 아는 것이다[29] ── 죽음의 모델 혹은 불사의 모델로서.

스피노자는 『소고』에서 "한편 우리가 정신이라 부르는 이 양태가 어떠한 것인가, 또한 어떻게 그 기원을 신체로부터 획득하는가, 나아가 또한 어떻게 그 변화가 단순히 신체에 의존하는가(나는 이를 정신과 신체의 합일이라 명명한다)"라는 문제를 제기하고 있다.[30] 이는 확실히 유물론적인 물음이기는 하지만, 정신이 그 기원을 신체로부터 획득하거나 정신이 신체에 의존한다는 것은, 존재 아래서의 유물론에서 정신을 구성하는 관념은 신체의 일정한 상태를 표현한다는 정도이다. 의존관계는 표현관계인 것이다. 정신의 변화가 신체의 변화에 의존하는 이상, 예컨대 신체가 사체로 변화할 때 정신은 사체를 표현함과 동시에 그 자신도 사멸한다. 하지만 여기서 문제는 단지

---

29) 스피노자, 『에티카』, 2부, 정리 13, 주석 참조.

30) スピノザ, 『神・人間及び人間の幸福に関する短論文』, 畠中尚志 訳, 岩波書店, 第二付録 (이하 『短論文』이라 표기). 혹은 스피노자는 '순수한 수동'으로서의 인식에 관해 다음과 같이 기술하기도 했다. "그것은 정신 속에서 사물의 본질 및 존재가 지각되는 것이다. 따라서 사물에 관해 어떤 것을 긍정 내지 부정하는 것은 우리가 아니라 사물 자체이며, 이 사물 자체가 우리 안에서 스스로에 관해 어떤 것을 긍정 내지 부정하는 것이다."(『短論文』, 第二部・第十六章) 이 논의를 확대한 형태로 들뢰즈가 '전개하는 것=설명하는 것'(expliquer)은 스피노자에게는 '강력한' 말이다. 그것은 "사물에 대해 외재한 지성의 작업이 아니라, 지성에 내재한 사물의 작업을 의미하는 것이다"(SPP, p. 103 / p. 84 『스피노자의 철학』, 115쪽)라고 한 것은 명백할 것이다. 이러한 지성에 내재한 사물의 자기전개란 인식이 무엇보다도 '사물의 편'임을 보여준다(フランシス・ポンジュ, 『物の味方』, 『フランシス・ポンジュ詩集』 수록, 阿部良雄 編・訳, 小沢書店, 1996 참조).

이러한 영혼의 가멸성을 제기하는 유물론이 아니라, 오히려 동일한 유물론의 이름 아래에서 영혼의 불멸성을 주장하는 것이고, 이를 위해서는 경험론이 필요하다는 것이다. 결국 신체가 '행할 수 있는 것'은 의식에 의한 자각의 범위 밖에 있으며 그것을 뛰어넘고 있다. 그러나 나아가 이것이 실재적으로 보여주는 것은 단지 정신에 대한 신체의 우월성 같은 것이 아니라, 의식의 자각을 넘어 이 신체의 활동역능에 대응한 정신의 '행할 수 있는 것'이, 즉 그 사유역능이 존재한다는 것이다.

4) 계열의 병행론에서 리좀의 분신론으로

스피노자가 말하듯, 가령 표상상과 표면 언어의 본질이 단지 '신체적 운동'에 입각한 것일지라도 그것들의 본질을 습관과 기억의 질서를 유지하는 실질로서 이용하는 것은 어디까지나 정신 혹은 의식이다. 왜냐하면 신체는 신체이기 때문이다. 아르토는 만년의 유명한 텍스트에서 표상의 언어를 베어 가르는 음조성을 지닌 소리의 블록을 발하고 있다 — "신체는 신체다 / 신체는 그것만으로 존재한다 / 기관은 필요 없다 / 신체는 결코 유기체가 아니다 / 유기체는 신체의 적이다."[31] 이는 거의 숨이며 외침이다. 기관들, 혹은 기관들로 이루어진 하나의 유기체는 기억이나 습관이 부착된 신체, 제도화되고 규칙화된 신체, 그 모든 질서에 종속된 하나의 신체이다. 그러나 신체는 신체이며 단지 그뿐이다. 즉 이 경우 신체는 '보다 큰' 혹은 '보다 작은' 실재성을 포함하는 존재를 긍정하고 있을 뿐이고, 이를 힘껏 긍정하려고 할 뿐이며, 이런 한에서 신체는 끊임없이 '보다 유능'한 것이다. 여기서 내가 말하는 '보다 유능'이란, 신체의 존재는 어떠한 경우에도 항상 '행할 수 있음의 존재'와 다름없다는 것이며, 이러한 신체의 본성을 바로 '대상의 본성'으로 하는 것이 정신을 구성하는 관념들이다. 이 신체의 가치에 의해서만 그 관념들의 가치가 평정評定되고 이에 따라 그 긍정적인 표현형태의 수준이 결정되는 것이다.[32]

이 신체의 존재 즉 '행할 수 있음의 존재'에 의해 문제제기되는 것처럼, 관념의 표현활동은 그때까지 용이하게 무비판적으로 결부되어 있던 표상상이나 표면의 언어와 연을 끊고 형성의 병행론 아래에서 그 사유활동의 준위를 부분적으로라도 변화시키도록 결정되는 것이다. 하지만 이는 병행론의 '어긋남' —— 이는 정신과 신체 사이에 실재적인 인과관계를 상정하는 것까지 포함하여 모든 의식에 고유한 착각이다 —— 을 수정하려는 조화에의 의지에 의한 것이 아니

31) A. Artaud, "Le corps est le corps …"(novembre 1947), *84*, no. 5~6, 1948, p. 101; Cf. *MP*, pp. 196~197 / pp. 182 [『천 개의 고원』, 304~305쪽]. 또한 森島章仁, 『アントナン・アルトーと精神分裂病』(関西学院大学出版会, 1999)의 「第五章. 重さをひらく」중 특히 '3. 寸断化された身体/器官なき身体 —性, 分身, 機械' 참조.

32) "그 대상의 본성 즉 인간 신체의 본성을 인식하는 것…"(스피노자, 『에티카』, 2부, 정리 13, 주석) 및 "왜냐하면 관념의 탁월함(가치)과 그 현실적인 사유 역능은 대상의 탁월함(가치)에 의해 평가되기 때문이다"(『에티카』, 3부, 감정의 일반적 정의).

라, 무의식으로서의 병행론 그 자체가 지닌 욕망에서의 결의=결정이다. 그리고 바로 그때 실재의 영역은 정립된다. 스피노자의 무의식은 들뢰즈가 특히 강조하는 공통개념의 형성의 질서에 고유한 병행론과 관계된다. 경험주의적 병행론에서의 이러한 두 요소, 두 계열, 혹은 두 표현 사이에는 단순한 '어긋남'이 있는 것이 아니라, 오히려 신체와 정신의 '행할 수 있음'을 동시에 정의하고, 그것들 사이에서 실천의 문제를 스스로 제기하는 미지의 어떤 적극적인 불협화가 있다고 해야 할 것이다. 즉 무의식의 형성의 차원이 밝히는 것, 스피노자의 실천철학을 보다 근본적으로 정의하는 것, 그것은 실재적으로 구별되고 또한 그 사이에 결코 차이화되지 않는 절대적 차이가 성립하는 두 개의 발산하는 계열로서의, 혹은 그 계열들을 탈코드화하는 불협화적 일치로서의, 혹은 강도부분적인 일치로서의 병행론 즉 리좀 모양의 병행론이다. 이는 단지 적용의 질서에 따라 정립된 것에 불과한 신체와 정신 간의 '동일한 질서', '원인들의 동일한 연결', '동일물의 상호 계기'[33]를 바로 감각과 경험 아래에서 실질적인 분신론으로서 재개하는 것이다. 그러나 그것을 재개할 때 혹은 다시 낳을 때 이 세 가지 동일성은 완전히 유지되는데, 정신과 신체라는 두 계열의 병행론이라 할 경우 이 '계열성'은 이미 의미를 잃고 정신과 신체라는

---

33) 스피노자, 『에티카』, 2부, 정리 7, 주석 참조.

이질적인 두 개의 다양체에서 하나의 리좀이 작렬한 것처럼 **이중화하**는 것이다. 여기서 병행론에서의 대응, 대등, 동일이라는 세 가지 수준은 규칙적인 순서나 연결, 동일물의 연속적인 계기 대신에 절단이나 접합, 전이나 주름, 압축이나 비틀림과 같은 모든 변형 아래에서 실현되는 것이다.

5) 자아의 죽음 — 블록과 패러·그래프의 문제

모든 양태의 현실적 본질conatus은 하나의 내재적 실체의 본질을 구성적으로 표현하는 속성(표현으로서의 부정법 동사)의 일정한 정도 혹은 강도를, 즉 표현(형상)의 정도 혹은 강도를 지니고 있다. 따라서 실체는 양태와 존재의 방식이 절대적으로 다르다 ─ 그 본질이 존재를 포함한다 ─ 고 정의상 생각되므로 '강도=0'이라는 존재의 방식으로 이 내재적 실체를 표현할 수 있을 것이다. 바꿔 말하면 그 본질이 존재를 포함한다는 것은 이 '강도=0'이라는 존재의 심층, 혹은 존재의 분신을 표현하는 것이다. 부정법의 동사가 가진 강도는 결코 그 동사의 부정사를 인칭변화시킴으로써 우리에게 파악되거나 느껴지는 것이 아니다. 어떤 동사를 인칭변화시킴으로써 생기는 사태란 동사가 이미 귀속하는 사물(즉 주어)의 본질을 구성하지 않고 그 사물의 단순한 속성=특성이 된다는 것이며, 따라서 동사가 그 사물의 다양한 양이나 질로 환원되는 운동을 오로지 형용하게 될 뿐이라는 것이다. 그렇게 되면 사람은 다시 곧바로 목적론이나 부정성의 우위를 지탱하는 표상의 언어 속에 빠져든다. 부정법의 동사(형상)가 포함된 강도 —— 그것들은 '강도=0'과의 사이에 어느 일정한 내포적 거리를 포함한 이상, 그 고유의 수준을 갖고 그 아래에서 양과 질이 전개된다. 욕망 속에서 결정되는 비판의 문제는 예컨대 생활형식과 합치한 간주관적間主觀的인 언어사용(공통감각과 양-식에 의해 정의되는)에 종속된 감성을 철저하게 능가하는 한편의 '감각의 블록'과, 이 언어사용에 대응하는 의미와 가치를 변형함과 동시에 이 변형의 표현을 구체적으로 산출하는 다른 한편의 '사유의 패러·그래프'를, 즉 모든 가치의 가치전환을 향한 하나의 분자적 활동 혹은 그 실천을 낳게 된다. 패러·그래프란 말의 언어에서의 의미와 가치를 변형하는 데 필요한 일군의 논의가 통합된 것이며 이 변형의 과정 자체를 산출하는 우리의 인식론적 질료와 논리적 형상으로 이루어지는 관념의 표현=실천활동이다(이러한 의미에서의 패러·그래프를 결여하고 쓰여진 것, 그것은 "돼지처럼 더럽다".[34] 그리고 자아는 이러한 사유의 패러·그래프에 대해서는 단적으로 가멸적인 것으로서 나타날 수밖에 없을 것이다). 혹은 아르토라면 말 또는 단어 그 자체를 언어에서 해방하는 것

---

34) "모든 쓰여진 것은 돼지처럼 더럽다. 막연한 것에서 출발하여 자신들의 사유 속에 생기하는 것에 관해서라면 무엇이든 명확히 하려고 시도하는 자들은 돼지 같은 족속이다."(A. Artaud, *Le Pèse-Nerfs*, 1925, *Œuvres*, p. 165 / 『神経の秤・冥府の臍』 수록, p. 131. 인용자 강조)

이라 할 것이다. 여기서는 우리의 사유과정 중 어느 부분에서 생기하는 표상상과 말의 언어에 의해 생기는 생활습관병으로서의 판단적 용의 차원에서, 이에 저항하는 관념의 언어활동이라는 표현의 형성으로 이행된다. 경험주의적 병행론에서 신체를 모델(궁극적으로 이는 '죽음의 모델'이 된다)로 하는 것은 무엇보다도 이러한 결의로 우리의 정신을 **형상적**으로 ── 즉 '심리적·의식적으로'라는 방식에 저항하면서 ── 결정하는 것이다. 따라서 표상상이나 말의 언어로 구성되는 정신 안에 이러한 결의를 가진 높은 차원의 정신을 낳는다는 것은 **신체의 분신으로서의** 정신을 형성하는 것과 다름없다.

욕망은 하나의 감정이고 그 형상은 관념인데, 이는 바로 실재적인 것의 정립과 종합의 원천이다. 스피노자는 "욕망은 의식을 동반한 충동이다"라고 하면서 이 '의식의 원인'을 동시에 보여주는 욕망의 실재적 정의를 다음과 같이 규정했다. "욕망이란 인간의 본질이 부여된 그 각각의 변양에 따라 어떤 것을 행하도록 결정된다고 생각되는 한에서 인간의 본질이다."(인용자 강조) 의식은 이 '결정'의 단순한 결과로서 생기는 것이며, 따라서 의식은 늘 무언가에 관한 의식이라고 말해지는데, 그것은 늘 결과에 관한 의식 이외의 것이 아니다. 그렇지만 중요한 점은 이 '결정'이 무엇보다도 신체로써 경험되는 자기의 활동역능의 증대·감소라는 실재적 이행 속에서 말해진다는 것이다. 욕망이 '실재란 무엇인가'라는 물음을 제기하는 일은 결코 없다. 욕망은 자신의 외부에 따라야 할 본보기를 갖지 않는 이상, 결코 이러한 물음을 제기하지 않는다. 욕망은 명목적인 것에 전혀 무관심한 것이다. 혹은 욕망은 이러한 물음에 따라 이에 응답하려는 '해解의 양태'가 결코 아니다. 그것은 언제나 '무엇이 실재인가', '어떻게 실재를 생산할까'라는 문제의 양태, 과정의 양태이다. 바꿔 말해 욕망은 판단에 앞서, 따라서 어떠한 욕구도 없이 실재의 영역을 정립하는 '생산의 질서'에만 속한다는 것이다.

　여기서는 죽음에 이르는 병과 도덕적 시련과 구제가 소용돌이치는 토지, 다의성과 유비가 소용돌이치는 영역 —— 즉 부정성을 매개로 한 '여럿'인 것의 생산이 있어도 차이가 긍정된 '다의'가 존재하지 않는 영역 ——과는 완전히 외재적인 관계에 있는 실재의 영역을 정립했다. 이 영역 전체는 우선 '기쁨의 지식'과 '욕망의 지혜'로 가득한 정동군에 의해 성립하는 평면 이외의 그 무엇도 아니다. 하지만 주의해야 한다. 이는 단순한 낙관주의가 아니다. 오히려 이 영역은 우리가 현 상황과 단지 지나가는 현재로서만 도래하는 미래에 대해 적은 수의 비통한 시선을 보내기 때문에 발견되는 것이다. 그리고 이는 단순한 현재로 환원되지 않는 '생성의 지금' 아래에 불사성不死性으로서 계속해서 도래하는 어느 미래를 그 조건으로 하는 하나의 삶을 혹은 그 관점을 어떻게든 긍정하려는 활동이 생기하는 대지이다. 이것은 탈기관체의 '뼈'에 가장 적합한 대지, 결코 성지와 같은 것을 낳지 않는 대지이다(이 '뼈'와 함께 탈기관체를 만들어내는 또 하나의 요소, 그것은 혈통계열을 결코 낳지 않는 '피'이다). '기쁨의 지식'과

'욕망의 지혜'의 실질은 죽음과 등가인 것(=죽음의 모델)으로서의 절대적 슬픔에서 생기하는 강도이다. 하나의 양태 속에서 작동하는 욕망, 혹은 욕망하는 병행론이 어떠한 것이고 그것이 어떻게 작용하며 무엇을 생산하는지 보아내는 것. 들뢰즈/가타리는 이것이 분열분석의 첫 번째 적극적인 작업이라고 말한다. 혹은 스피노자에게 개념들의 형성은 감정 속의 어떤 적극적인 것을 이용하여 어떻게 하나의 양태 속에서 욕망하는 기계들이 작동하는지를 보아내는 것이며, 이것이 동시에 혁명적 무의식의 형성과정이 되는 것이다. 여기서는 자아의 가능성의 부분 혹은 능력들에 관한 칸트적인 작동배치는 완전히 죽음을 맞이한다. 감성은 이미 어떠한 수용도 변양도 하지 않고, 지성은 개념적 종합력을 완전히 상실하며 판단도 추론도 전혀 할 수 없다. 인식의 능력도 욕구의 능력도 쾌·불쾌의 감정도 거기서는 소멸하는 것이다. 그렇지만 이러한 가멸적인 능력들과 그것들의 결합을 마치 보편적 형식인 것처럼 제기하고 있었던 것이 상-식과 양-식과 모든 도덕적 규범성이다. 바꿔 말해 예전에 말해지던 영혼의 불사라는 사이비 불멸성은 현재도 자아, 나, 마음에 관해 반복되고 있다는 것이다. 그런데 이것들은 이제 죽음을 맞이한다. 그러나 이러한 자아의 죽음, 마음의 소멸 후에도 신체는 남는다.

2장
죽음의 원근법

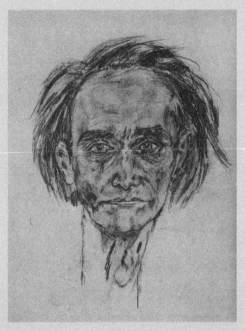

앙토냉 아르토, 「자화상」

3. 본질의 외피를 할퀸다

1) 욕망하는 병행론·분신론(그 두 번째 규정)

우리는 앞서 욕망과 실재성의 관계를 논의했다. 실재성에 대한 물음, 그것이 어떻게 묻는 방식이든 중립적인 물음인 한, 즉 물어져야 할 문제를 결코 구성하지 않는 '질문-응답'밖에 그 물음이 환기하지 않는 한, 실재성은 쇠약한 사유에 대응한 언어 내 게임의 패가 될 뿐이다. 그러나 이와 달리 '감정의 기하학' 아래에서 자연의 변양을 생각하고 '욕망의 기계학' 아래에서 반자연의 융즉에 의한 생산의 독자성을 고찰한다면, 실재성은 모든 양태를 혹은 양태들의 결합을 문제제기적인 것의 존재로 생성변화시키는 요소가 될 것이다. 그래서 두 번째 문제로서 생각할 필요가 있는 것은 이 실재 속에 어떻게 부정적인 것이나 결여, 그런 한에서의 무능력이 생기는가 하는 것이다. 존재의 다의성이나 목적론, 절망이나 도덕론과 관계되는 이러한 문제들을 다시 제기하는 까닭은, 스피노자가 파악했듯이 모든 개념의 형성은 인간 신체의 활동역능의 두 가지 상태(증대인가 감소인가) 중 어느 한쪽에 반드시 관계되어 있기 때문이다. 다시 말해 이것은 신체 아래에서 모랄[도덕]과 에티카의 차이 ── 여기에는 예컨대 자연주의가 낳은 인간 본성으로서의 '국가장치'(=집합)와 이 본성에 속하는 관계=비를 변형하려는 '전쟁기계'(=무리) 간의 차이까지도 포함된다 ── 의 계보학을 우리에게 이해시킬 것이다. 이 문제를 전개하려면 선·악의 개념에 따른 **두 번째**의 비판적이지만 보다 효과적인 **방법론적** 관점(혹은 활동역능의 증대·감소라는 실재적인 이행과정에서의 '본성의 차이'의 관점)을 생각할 필요가 있다. 이 방법론적 관점은 첫 번째의 비판적 관계 이상으로 비판적 즉 보다 창조적인 것이다.

스피노자는 다음과 같이 말한다. "나는 다음에서 '선'이란 우리가 제기하는 인간 본성의 전형에 점점 더 접근하기 위한 수단이 된다는 것을 우리가 깨닫는 것이라고 이해한다. 반면 '악'이란 우리가 이 동일한 전형에 일치하는 데 방해가 된다는 것을 우리가 깨닫는 것이라고 이해한다. 나아가 우리는 인간이 이 전형에 더 많이 혹은 더 적게 접근하는지에 따라 그 인간을 더 완전 혹은 더 불완전하다고 부를 것이다."[1] 중요한 논점은 정립된 실재의 외부에 다의성 혹은 유비의 사유와 세계를 방치해두는 것이 아니라, 하나의 신체 아래에서 그 존재들의 다의성과 실재의 일의성의 영역을 두 다양체의 유형으로서

---

1) 스피노자, 『에티카』, 4부, 머리말 참조.

혹은 체제의 차이로서 관계짓고, 또한 그것들을 연동시키는 것이다. "인간 본성의 전형에 점점 더 접근한다"는 것은 그 본질과 존재가 더 많이 일치하게 되는 것, 즉 개체로서의 인간의 존재가 자신의 본질과의 관계에서 더 많이 규정되는 것이며, 따라서 여기서의 선은 더 많이 '좋음/나쁨'의 실질을, 즉 더 많은 완전성(=실재성)을 갖게 될 것이다. 이렇게 해서 인간 본성의 전형이란, 본보기가 아니라 그 본질과 존재의 일치이며, 존재 속에서 그 본질로서의 힘을 효과적으로 전개하고 실현하려는 것 ── 욕망의 에티카 ── 이다(다만 본질과 존재의 일치란, 단순히 두 개가 딱 들어맞게 하나가 된다는 것이 아니라, 본질에 존재를 각인하는 것, 궁극적으로는 존재의 방식에 의한 본질의 촉발이다).

　이와는 달리 그 본질과 존재가 더 적게 근접한다는 것은 예컨대 우리가 어떤 사물의 존재를 그 본질로부터 분리하여 그 존재에만 관심을 가짐으로써, 우리 자신이 한계나 무능력과 같은 부정적인 사항을 가지고 그 사물의 의의나 가치를 판단하거나 평가하게 되는 것, 또한 이에 따라 그만큼 자기의 정신이 부정이나 결여에 의해 더 많이 형성된다는 것을 가리킨다. 따라서 이 경우의 악이란, 초월적 가치로서의 '선/악'에 따라 규정되는 더 불완전한 것에 의해 채워진 상태를 나타낸다. 여기에는 친숙한 사람들, 모든 의미에서 삶을 폄하하려는 자들 즉 압제자, 노예, 성직자라는 자들이 사용하는 우열 관계=비를 가진 '지배-배제적 관계', '적용-종속적 관계', '관리-거세적 관계' 등이 등장하기도 할 것이다. 악=결여태는 늘 '비교'를 통한 판단과 평가에 따라 확산해가는 것이다. 사물들을 서로 비교함으로써 우리는 확실히 그 사물들에 관해 우리 자신의 인식이 전진하는 것처럼 느낀다. 그러나 실제로는 아무것도 인식할 수 없다. 그저 단순히 전前의식적으로 합의를 얻은 규범적인 인식장치에 종속될 뿐이다. 이처럼 우리의 활동역능의 증대와 감소로부터, 즉 동일한 역능의 서로 다른 두 가지 사용으로부터 실재의 일의성과 존재의 다의성이라는, 본질적으로 다른 두 체제, 다양체를 발생시킬 수 있는 것이다.

완전성=실재성은 "일정한 방식으로 존재하고 작용하는 한에서 사물의 본질이라고 이해된다"고 스피노자는 말한다. 사물의 본질과 존재는 불가분하지만, 이는 양태로서의 사물의 본질에는 그 존재가 포함되지 않는 이상, 그 본질과 존재가 무비판적으로 동일시된다는 것을 의미하지 않는다. 그렇지 않고 모든 사물은 자신의 존재를 갖기 시작함과 동시에 그 존재 안에서 작용하는 힘으로서의 코나투스를, 목적인으로서가 아니라 작용원인으로서 가진다는 것이다. 그리고 다양한 정도에서 이 힘이 "존재하기 시작했을 때와 동일한 힘"으로 발휘된다는 점에서 모든 사물은 '동등'aequales하다고 말해지는 것이다. 바꿔 말하면 이는 모든 코나투스에 관해 말해지는 신의 본성의 강도적인 '분유의 일의성'이다(반대로 말하면 이는 무한히 많은 다양한 방식으로 내재적 실체를 실재적으로 정의하고, 덧붙이자면 이 내재적 실체인 탈기관체의 '강도=0'을, 즉 그 본질이 존재를 포함하는 어떤 것을 실질적으로 혹은 능동적으로 투여하는 것이다). 양태의 본질에는 절대적 역능의 정도로서의 완전성=실재성이 속하지만, 현실에서의 존재에 의해 즉 지속에 의해 이 본질의 상태만으로는 결코 생겨날 수 없는 우리 자신의 활동역능의 증대와 감소가 이행방향 —— 방향성으로서 우리에게 제시되는 실재성의 실질적 변이, 혹은 신체라는 하나의 완전성의 유체流體가 지닌 방위성 ——의 본성의 차이로서 포함된다.[2] 기쁨의 수동적 종합은 하나의 관점을 낳거나 마주침의 조직화로 결실해간다. 자신의 신체와 적합한 다른 물체=신체와 마주칠 때, 우리 안에서는 즉시 수동적 감정으로서의 기쁨이 생기고, 이로부터 이 두 신체=물체 사이에서 일반성이 가장 낮지만 보다 창조적이고 특이한 공통개념을 형성하려는 욕망이 생긴다. 바꿔 말해서 이는 표상화된 욕망이 그 대상(물체적인 것)의 긍정적인 자기전개에 따라 그것의 개념적 소유에 눈뜬다는 것이다. 여기서 내 신체의 활동역능은 더 증대하는데, 이는 단지 내 신체라는 하나의 관계항 안에 생기는 '사물의 상태'의 변화가 아니라, 관계하는 두 신체=물체의 '사이'에서만 생길 수 있는 실재적인 생성변화, 다른 동사체動詞體의 획득이다. 여기에 있는 것은 고정된 항과 현실적인 관계가 아니라, 실재의 생성변화와 그 절대적인 '사이'이다. 반면 활동역능의 감소가 나타나는 슬픔의 감정에서 자기의 신체는 역으로 기존의 불변적 관계 —— 그러므로 여

---

2) Cf. *SPP*, pp. 54~58 / pp. 62~66 [『스피노자의 철학』, 59~63쪽].

기서는 점점 더 가능성이나 우연성이 유효한 개념이 된다──를 대전제로 한 그것들의 단순한 관계항으로 한없이 축소되고, 마지막에는 거기에 완전히 흡수되어버릴 것이다(실은 '동일성'이 드높이 외쳐지는 것은 **가능성 속에서의** 이러한 슬픔의 상태에서이다).

자기 신체의 활동역능의 증대(기쁨)는 두 신체=물체(한쪽은 반드시 자기 신체)의 '사이'에서 생기는 하나의 생성변화와 다름없으며, 이 생성변화에 관한 개념이 일반성이 가장 작은 공통개념이다. 스피노자에게 공통개념은 늘 존재하는 양태에 관한 개념인 이상, 이는 니체가 말하는 "생성에 존재의 성격을 각인하기" 위한 한 방법이라 할 수 있을 것이다. 이 '각인하기'란 마치 생성에 존재의 정지를 밀어붙이는 듯한 것이 아니라, 생성에 관해 그 반복의 형상을 부여한다는 것이다. 이러한 의미에서의 공통개념은 인접하는 다음 '사이'에 촉발되고, 이 '사이'를 지각하는 방식을 포함한다는 것이다.[3] 최소의 공통개념은 이 생성변화의 '사이'를 포섭한 완전한 일반개념(관계 일반의

---

3) "개념이란 하나의 리토르넬로이며, 그 자체의 숫자=표징(chiffre)을 가진 하나의 음악작품이다."(G. Deleuze & F. Guattari, *Qu'est-ce que la philosophie?*, Minuit, 1991, p. 26 / 『哲学とは何か』, 財津理 訳, 河出書房新社, 1997, p. 31 [질 들뢰즈·펠릭스 가타리, 『철학이란 무엇인가』, 이정임·윤정임 옮김, 현대미학사, 1995, 35쪽]) 아르토는 이러한 '숫자=표징'에 관해 이미 다음과 같이 말했다. "가장 높은 정도의 의의 속에서 쓰여진 숫자=표징은 사람이 번호를 붙이거나 계산하는 것이 잘 되지 않는 것에 관한 하나의 상징인 것이다."(A. Artaud, *Héliogabale ou l'anarchiste couronné*, 1934, *Œuvres*, p. 434 / 『アントナン・アルトー著作集 II. ヘリオガバルス』, 多田智満子 訳, 白水社, p. 74)

개념), 혹은 이 '사이'에 관계가 있을 법한 다른 특정한 개념(원인·결과의 관계개념, 능동·수동의 관계개념 등), 그리고 이 '사이'를 항으로 환원함으로써 이를 하나의 예로서만 유지하는 일반적인 추상개념(실체·속성의 관계개념), 이들을 사유의 합성으로 끌어들이는 것이어야 한다. 따라서 일반성이 가장 낮은 공통개념은 아마도 개념을 변형하는 것이 가장 특징적인 작용일 것이다. 그러나 일반적으로 정의한다면 공통개념은 '사이' 개념이라는 것을 잊어서는 안 된다. 거기에는 추상적인 시점과 개별적인 시선을 비판하고 신체를 복수의 원근법으로 구성된 것이라 간주한다는 하나의 원근법주의가 있는 것이다 ─ 어떤 음식과 '위의 원근법', 어떤 부동의 대지와 '다리의 원근법', 어떤 일군의 공기진동과 '귀의 원근법', 어떤 일정한 촉발환경과 '신체 그 자체의 원근법'….

이러한 공통개념이 만들어지는 한, 그것은 관계라는 비물체적인 것의 변형을 '사이'로서 필연적으로 표현하게 될 것이다. 바꿔 말하면 공통개념의 형성의 원인이 되는 기쁨에는 다른 신체=물체와 함께 기존 관계의 변형 그 자체로의 마주침과 욕망이 있는 것이다. 마주침이란 항상 '관계=연관'relation이 외재화된 가운데서의 마주침, 혼합이며 생성변화이다. 이는 외부의 어떤 물체의 배경이나 문맥, 혹은 그 물체가 박혀 있던 벽이 해체된 가운데서의 접촉이다. 그리고 그 마주침의 유기회란, 항을 정한 목적론적 배치 속에서 가능케 되는 사항이 아니라, 자기의 본성 ─ 이는 오히려 '관계=비'rapport에 의해,

혹은 같은 것이지만 '비율=비'ratio에 의해 표현된다 ─ 의 필연성을 기성의 관계=연관들과 그 관계항들에 감염시키는 것이다. 이는 이를 테면 자기 신체의 본성을 중심으로 하여 근접적인 촉발공간을 소용돌이 모양으로 조직화된 하나의 완전성의 유체로 채우는 것이다. 스피노자에게는 실체든 양태든 모든 것은 필연이라는 양상만을 가진다. 하지만 이 필연성은 존재의 외부에 있으며, 그 존재가 따라야 할 법칙이나 본보기가 결코 아니다. 필연성이란 오히려 자기 본성에 속하는 것이기 때문이다. '관계=연관'의 외재화, 마주침의 조직화, 자기 본성에 따른 촉발적인 접촉공간의 역동적 유체화, 이들 모든 사건, 존재의 방식은 본질의 촉발, 본질의 변형을 위한 작동배치인 것이다.

2) 인간의 본질 ─ 계속해서 웃는 동물

여기서 말하는 '관계-비'의 일반적 형식(비례성의 형식)과, 그로부터 비판적으로 구별되어야 할, 즉 결코 이 일반적 형식을 형성하지 않는 하나의 '관계=비'와의 차이를 고찰할 필요가 있다. 다시 말해 이는 인간을, 예컨대 '웃는 동물', '이성적 동물', '날개 없는 이족보행 동물'과 같이 정의함으로써 인간에 관한 표상적인 본질 규정을 오로지 증산하는 데 기여하는 것과, 이러한 인간의 표상적 본질을 차라리 '계속해서 웃는 동물', '이성=강도의 동물', '움직이지 않고 보행하는 동물'로 변형하려는 것 간의 차이이다. 니체 철학의 최대 의의 중 하나는 바로 인간의 본질을 '웃는 동물'로부터 '계속해서 웃는 동물'로 변형한 점에 있다 ── "자기를 뛰어넘어 웃는 것을 배워라!" 오래된 신들은 "쇠퇴하여" 죽은 것이 아니라 "오히려 그들은 일찍이 죽을 만큼 ── 웃은 것이다!"[4] 이 신들은 웃다 죽는 자의 본질, 계속해서 웃는 동물이다. 크뤼시포스도 또한 당나귀가 무화과를 먹는 것을 보고 계속 웃다가 죽었다. 그들은 이미지를 강도까지 높임으로써 명목적으로 고정된 표상적 본질을 연속변화의 상으로까지 이끈 것이다.

한편 스피노자는 3종 인식을 설명하는 가운데 비례수의 사례를 들고 있다.[5] 세 수가 주어져 있는데 첫 번째 수에 대한 두 번째 수의 관계와 동등한 관계를 세 번째 수에 대해 갖는 네 번째 수를 얻는 경우를 생각했다고 하자. 그때 "1, 2, 3이라는 수가 주어진 경우, 누구라도 네 번째의 비례수가 6임을 알 수 있다. 그리고 이는 우리가 하나의 직관에 따라 알아채는, 첫 번째 수의 두 번째 수에 대한 비율ratio〔관계=비〕 그 자체로부터 네 번째 수 자체를 귀결하는 것이므로 훨씬 명료하다." 스피노자가 여기서 들고 있는 사례는 분명히 형식적으로

---

4) ニーチェ, 『ツァラトゥストラはこう語った』, 薗田宗人 訳, ニーチェ全集·第一卷(第二期), 1982, pp. 269, 436 [『차라투스트라는 이렇게 말했다』, 정동호 옮김, 니체전집 13, 책세상, 2007, 301, 485쪽] 참조.

5) 스피노자, 『에티카』, 2부, 정리 40, 주석 2; 『지성개선론』, 23절; 『短論文』, 2부, 1장, 4장 참조. 스피노자의 비례성의 형식에 관한 대표적인 고찰로서는 河井德治, 『スピノザ哲学論攷──自然の生命的統一について』, 創文社, 1994, pp. 32~45, 129~144 및 「スピノザの「比の保存思想」とその諸相」, 『現代思想』, 1996, 11月臨時増刊号, pp. 160~167 참조.

는 예로부터 '비례성의 유비'analogia proportionalitatis라 불렸던 유비의 형식 가운데 하나이다.[6] 그러나 스피노자에게 중요한 것은 그가 제기하는 세 가지 인식의 방식이 이 형식에 대해 어떤 관점에서 관련되는가 하는 문제이다. 1종 인식 즉 '감각을 통해' 혹은 '기호로부터' 우리에게 주어지는 인식에서 우리는 이 경우 a, b, c와 같은 항들을 첫 번째로 소여로서 수용할 뿐이다. 그러므로 '상인'이 거기서 행하는 이 형식에 대한 기호조작은 그러한 가시적인 관계항에 대해 비가시적인 관계 그 자체를 의식하지 않고, 즉 그러한 공통의 관계에 관한 관념을 지니지 않고 수행되는 사항이다. 하지만 2종 인식이라는 '사물의 특질에 관한 공통개념 혹은 완전한 관념'으로부터의 인식에서는 유클리드의 '수론'을 통해, 즉 '비례수의 공통 특질'로부터 비가

---

6) Thomas De Vio Cajetanus, *De Nominum Analogia*, Caput 3, §23~30(Cf. Pinchard Bruno, *Métaphysique et Sémantique — Étude et traduction du De Nominum Analogia*, Vrin, 1987; カイエタヌス, 『辞の類比について』, 箕輪秀二 訳, 『中世思想原典集成 20 — 近世のスコラ学』, 平凡社, 2000). 이 '비례성의 유비'가 지닌 성질에 관해, 예컨대 마쓰모토 마사오(松本正夫)는 다음과 같이 기술했다. "카예타누스의 '비례성의 유비'만이 모든 본성적·본질적 매개를 거부하는 것으로 보인다. 그것은 신과 세계를 비례(proportio)나 분유(participatio)에 따라 직접 관계시키지 않는다. 신의 본질 a와 그 본질에 비례하는 실존 b와, 세계의 본질 c와 그 본질에 비례하는 실존 d와의 양 비례 $\frac{a}{b} \infty \frac{c}{d}$라는 식으로 상관될 수 있다는 것이다. a와 c, b와 d가 직접 비례되지 않는 데에 특징이 있다. 실존상의 절대와 그 실존, 본질상의 절대와 그 실존이라는 식으로 자기의거라는 절대자의 개념에는 신과 세계 각각에서의 비례 내지 논거만의 병행관계(공유관계)를 허용하는 것이 있다. 그리고 다른 유비('부등성의 유비'(analogia inaequalitatis)와 '비례의 유비'(analogia proportionis))에 입각한 신(神) 개념에는 이러한 특징이 없는 것이다."(『存在論の諸問題 — スコラ哲学研究』, 岩波書店, 1967, p. 171, 註 4)

시적인 관계에 관한 타당한 관념을 가짐으로써 즉시 네 번째 수에 관한 해를 얻게 될 것이다. 즉 이 이성적인 인식에서는 'a : b = c : x(d)' 속의 ' : '나 ' = '이라는 기호에 의해 나타난 관계성이 주목된다. 카예타누스에 따르면 "비례라 칭해지는 것은 어떤 양의 다른 양에 대한 일정한 관계이다. 그런 의미에서 우리는 4는 2에 대해 2배의 비례를 가진다고 말한다. 그리고 비례성이라 말해지는 것은 두 비례의 유사이다".[7] 따라서 이 관점에서 말하면 2종 인식에서는 두 비례 간에 '비례성'의 관념을 형성한다는 것이 스피노자가 기술한 '비례수의 공통 특질'을 가진다는 것이다.

그럼 3종 인식, 직관지는 이 형식에 대해 어떠한 관점에서 관계되는 것일까. a와 c, b와 x(d)는 서로 다른 항이며, 동등한 것은 ' : '에 의해 표현된 두 비율=비이다. 그러나 주의해야 한다. 3종 인식에서는 단지 미지의 네 번째 수를 획득하는 방법만이 문제가 되는 것이 아님을. 문제는 도리어 우리 자신이 첫 번째 수의 두 번째 수에 대한 비율=비 자체를 '하나의 직관에 따라' 알아챌 수 있다는 것, 즉 직관이라 칭해지는 것의 작용이 가진 힘, 직관 자체의 역능, 상상력으로도 이성으로도 환원 불가능한, 정신의 전혀 다른 활동역능을 보여주는 것이다. 직관지는 두 비율=비의 대등성에 관한 직관에 앞서 무엇보다

---

7) Cajetanus, *De Nominum Analogia*, Caput 3, §24. 인용자 강조.

도 먼저 하나의 비율=비의 직관이어야 한다. 그것은 동시에 이 비율=비에 의해 표현된 역능(=강도)의 직관이다. 즉 'a:b'는 'c:d'에 앞서 있지도 않고 특별히 'x:y'에 뒤처져 있지도 않다는 것이다. 비율=비란 그 사물의 본질 자체가 아니라, 또한 그 사물의 본질을 구성하는 것이 아니라, 그것을 표현하는 것이다. 비율=비, 즉 스피노자에게서의 운동과 정지의 비율=비는 그 사물의 특이한 본질을 표현한다. 요컨대 '운동 : 정지'는 결코 일정한 코드화 아래에서 직관되는 본질의 역능, 고유한 수준에서 묘사되는 강도를 표현하는 직관형식이 아니라는 것이다.

특이성으로서의 본질과 이를 표현하는 비율=비를 혼동해서는 안 된다. 3종 인식에서는 이미 존재하는 양태나 그것들 간의 관계가 아니라, 운동과 정지의 비율=비에 의해 표현된 양태의 본질 그 자체가 문제가 되는 것이다. 환언하면 두 '비례' 사이에서 공통의 '비례성'을 보는 것 ──공통개념이 이 비례성 개념에 관계되어 있는 것은 확실하다──이 아니라, 바로 하나의 비율=비에 의해서만 표현된 개체의 본질을 인식하는 것이 3종 인식의 본질이다. 왜냐하면 분명히 여기서 말하는 '하나의'는 부분의 의미를 가지고 있지만, 이는 다른 부분에 의해 보완되거나 다른 부분과 함께 무언가를 구성하는 것으로서 말해지는 것이 아니기 때문이다.[8] 하지만 이 경우 직관지의 설명은 그 이외의 인식과 외적인 특징이 얼마나 다르냐는 그야말로 단순한 설명으로, 우리의 인식을 직관지로 실질적으로 이끌어가는 것이 아니다. 그러기 위해서는 한편으로 바로 이 형성의 질서 속에서의 죽음을 고찰할 필요가 있을 것이다. 결국 이러한 고찰에 대해 (질적인 관계까지 포함한) 비례성의 형식은 삶의 양식을 전혀 표현하지 않고, 본질과 존재가 분리된 맥 빠진 삶의 표상밖에 부여하지 않는다. 왜냐하면 그것은 이를테면 명목적 정의에 대해 오로지 고정된 표상 상 ─ 웃는 동물, 사회적 관계들의 총체, 사회적 동물 등 ─ 을 공급할 뿐인 형식이기 때문이다. 이 형식에 관한 개념을 변형하는 것이 문제가 될 것이다.

3) 유기적 사유의 한 치의 절단 ─ 칸트의 금령

유비형식을 절단하는 것, 그것은 비율=비의 동등성을 전제로 하여 계속 전이하는 것의 비판이다. 그러면 이에 대한 칸트의 처리 방식을 간단히 보아두자. 범주의 무비판적인 사용을 금지하여 인간 능력들

---

8) 스피노자, 『에티카』, 4부, 정리 4, 증명 참조. "개체가, 따라서 또한 인간이 자기의 존재를 유지하는 역능은 신 혹은 자연의 역능 그 자체이지만(1부 정리 24의 보충에 따라), 이는 무한한 한에서의 신 혹은 자연의 역능 그 자체가 아니라, 인간의 현실적 본질에 의해 설명=전개될 수 있는 한에서의 신 혹은 자연의 역능 그 자체이다(3부 정리 7에 따라). 그러므로 인간의 역능은 그것이 인간 자신의 현실적 본질에 의해 설명=전개되는 한, 신 혹은 자연의 무한한 역능의 부분, 즉 (1부 정리 34에 따라) 신 혹은 자연의 무한한 본질의 부분이다." 이는 바꿔 말하면 개체의 역능에 의해, 또 그런 한에서 신 혹은 자연의 무한한 역능을 정의한 하나의 실재적 정의라 생각할 수 있다.

의 유한성에 철저하게 정위하려는 칸트의 비판철학은 유비의 무제한적인 사용에 관해서도 비판을 가해야만 한다. 그것은 바로 유비의 절단이며, 칸트는 이를 '금령'Verbot이라는 형태로 수행했다.[9] 칸트에 따르면 우리는 미지의 어떤 존재자를, 또한 그 자체가 무엇인지에 관해 인식하는 것이 아니라, 우리에게 그것이 무엇이며, 우리가 그 일부가 된 세계에 관해 그것을 인식하는 것이다. 그리고 이러한 인식이 "유비에 따른 인식"이라 불리는 것이다.[10] 유비란 두 사물 간의 '불완전한 유사'가 아니라, 서로 전혀 비슷하지 않은 두 사물 간의 관계 a와, 또 다른 서로 전혀 비슷하지 않은 두 사물 간의 관계 β와의 유사를, 즉 '두 관계의 완전한 유사'를 의미한다. 요컨대 칸트가 말하는 유비란, 미지의 네 번째 항을 기지의 세 항을 통해 추론한다는 점에서는 유추이지만, 그 이상으로 관계의 구조 혹은 질서에 관해 두 관계=비례의 완전한 유사성(비례성)만을 문제로 삼는 한에서는 유비이다. 이는 앞서 기술한 '비례성의 유비'라는 유비형식이다.

'두 관계의 완전한 유사'는 환언하면 "두 질적인 관계의 동등성"[11]이라는 것이다. 칸트에게 유비는 이러한 관계=비에 입각하는 한, **통제적인 성질**에 의해 특징지어질 것이다. 따라서 그것은 범주에

---

9) 임마누엘 칸트, 『판단력비판』, 90절 참조.
10) 칸트, 『프롤레고메나』, 57~58절 참조.
11) 칸트, 『순수이성비판』, A179=B222.

의한 현상의 다의적 구성뿐만 아니라 개념의 일의성으로부터도 본성상의 차이로써 구별되는 것이다. 유비가 통제적이라는 것은 칸트에 따르면 유비에 따라 미지의 사물을 '추론하는 것'이 아니라 '생각하는 것'이다. 그러나 미지의 사물을 사유 가능케 하는 유비는 칸트에게는 습관이나 기억에 따라 완전히 코드화된 질서 위를 추이해갈 뿐이다. "사람은 과연 이종적인 사물에 관해, 바로 그것들의 이종성이라는 점에서 그것들의 한쪽을 유비에 따라 사유할 수는 있지만, 그 두 사물이 이종적이라는 점에 입각하여, 한쪽으로부터 유비에 따라 다른 쪽으로 추론할 수는 없다. 환언하면 한쪽에 있는 이 종별적 차이의 징표를 다른 쪽으로 전이시킬 수는 없다."[12] 그리고 이에 관해 칸트는 물체 간의 물리적 관계와 국민과의 유비, 혹은 기술적 소산에 대한 우리의 오성의 관계와 자연에 대한 신적인 원인성의 관계와의 유비를 예로 들어 설명했다. 이 점에 관해서는 예컨대 알렉시스 필로넨코Alexis Philonenko의 간단한 해설을 인용해두면 충분할 것이다.

---

12) 칸트, 『판단력비판』, 90절. 들뢰즈/가타리는 『천의 고원』에서 '비례의 유비' ─ 신과 세계 속 존재자를 비례나 분유에 의해 직접 관계시켜 그 유일한 우월항인 신과의 유사 정도에 따라 존재의 완전성의 계열을 만들어내는 형식 ─ 로부터, 카예타누스에 의해 더 잘 정식화되고 칸트에 의해 그 사용에 제한이 가해진 '비례성의 유비'로의 사유의 이동을, 박물학에서 구조주의로의 이행 속에서 다시 파악하고 있다. 그리고 이 고찰이 포함된 「어떤 박물학자의 회상」이라는 절(節) 이후, 이 계열과 구조라는 두 가지 개념을 중심으로 형성되는 사상권을 벗어나, 유비의 사유를 기본적으로 구성하는 '관계=비의 등가성' 개념을 근본적으로 무효화하는 다양한 생성변화가 논의된다(Cf. *MP*, pp. 284~380 / pp. 267~355 [『천 개의 고원』, 441~585쪽]).

"유비는 어떤 대상에서 다른 대상으로 종별적 차이와 결부된 징표를 전이시키는 것이다. 나는 우주(인력, 중력)와의 유비에 따라 사회의 법칙을 생각할 수 있다. 그러나 나는 예컨대 이러한 종별적인 규정들을 국민으로 전이할 수 없고, 또한 국가는 우주가 아니다. 마찬가지로 우리는 가령 세계의 원인을 우리의 오성과의 유비에 따라 하나의 지성으로서 이해했을지라도, 이에 따라 세계의 원인의 지성을 규정할 수 있다고는 할 수 없다."[13] 따라서 칸트는 우리가 감성적으로 조건지어진 인간의 오성밖에 알지 못하는 이상, 신적 원인성을 오성과의 유비에 따라서만 상상해야 한다면서 바로 이러한 오성을 근원적 존재자에 덧붙여서는 안 된다는 '금령'을 주장하는 것이다.

요컨대 칸트는 유비에 따라 '추론하기'와 '생각하기'를 구별하고, 전자의 사용이 한쪽 사물의 종별적 차이의 징표를 그것과는 이종적인 다른 쪽 사물로 가져옴으로써 실은 한쪽 사물의 종별적인 규정들을 전이시켜 다른 쪽 사물을 추론하는 것이라며 이를 엄격히 금지하는 것이다. 즉 'a : b = c : x(d)'라는 유비가 성립한다면 우리는 b에 의해 미지의 x를 d로서 생각할 수 있는데, 이 b의 종별적인 규정들을 직접 x로 전이시켜 이에 따라 d를 규정하는 추론은 인정되지 않는다는 것이다. 다시 말해 a와 c, b와 d를 직접 비교하는 것이 금지되어

---

13) E. Kant, *Critique de la faculté de juger*, traduction et introduction par Alexis Philonenko, édition revue avec des notes nouvelles, Vrin, 1993, p. 427 (note 2).

있다고 할 수 있을 것이다. 하지만 중요한 것은 어디까지나 '질적인 관계=비'의 유사성이다. 결국 유비에 의한 사유와 유추가 모두 긍정되려면 두 개의 서로 다른 것이 '유일하고 동일한 유類' 안에 귀속해야 한다는 조건이 필요해진다. 그것이 유비의 올바른 사용이라고 칸트는 말한다. 예컨대 비버의 집짓기와 이를 가능케 하는 근거와의 관계는 인간의 기술적 활동과 그 근거인 이성과의 관계와 동일하다. 즉 이러한 유추가 인정되는 이유는 인간과 다른 동물을 '동일한 유'에 귀속하는 서로 다른 종으로 보는 '근거의 일양성'에 있다는 것이다. 즉 그것은 '동등한 비율=근거'ratio이다.

4) 비율=비 속에서의 '죽음의 생성', 가속과 감속의 다양체

칸트에게 질적인 관계=비는 이처럼 어떠한 로고스의 상승적 사용과도 관계없이, 즉 유비의 부당한 사용과 관계되지 않고 단지 수평적으로 서로 이질적인 항들 사이를 전이하고 반복하는 것이다. 그것은 마치 동일물의 반복과 같다. 이는 표상적으로 주어진 항들의 관계=관련 위에, 혹은 하나의 항 속의 몇몇 부분 위에 단지 포개어질 뿐인 관계=비이다. 예컨대 첫째 항에 실체, 둘째 항에 사유속성, 셋째 항에 동일한 실체, 그리고 넷째 항에 연장속성뿐 아니라 우리에게 미지인 무한히 있는 다른 속성을 그때마다 대입한다면 이 형식 아래서의 인식론적 병행론의 표시가 얻어지고, 또한 비比의 동등성(단, 홀수항은 항상 동일한 실체, 짝수항은 서로 다른 속성)을 무제한으로 계속 써내려간다면 적어도 존재론적 병행론이 나타날 것이다. 그러나 이 비례성의 형식 자체는 아무것도 이야기하지 않는다. 스피노자의 몇몇 사변적 규칙을 모른다면(혹은 충분히 숙지하고 있는 경우라도), 많은 경우에 사람은 감성적인 사물을 상정하고 그것과의 유비로 이 실체-속성의 관계를 이해하지 않을까. 따라서 비례성의 형식은 결국 표상상으로 혹은 표상적인 본질 속으로 소거되어가는 것이다. 정신분석에서의 4, 3, 2, 1, 0처럼[14] 비례성의 형식도 스스로의 죽음을 향한 벡터를 가진다고 할 수 있을 것이다. 이 경우 4란 이 형식을 유효한 사유의 도구로 삼는 상징적인 넷째 항이다. 3이란 소여로서 주어지는 세 개의 항이다. 2란 항상 전제가 되는 두 표상상, 관계항이다. 1이란 그것들에 대한 하나의 불변관계이다. 0이란 이처럼 차이가 취소된 죽음의 세계이다. 강도의 차이는 이런 방식으로 무차이 속에서 하나의 죽음을 맞이하는 것이다. 필시 문제는 비례성의 형식 아래에서 직관되는 것 혹은 직관의 차이가 아니라, 이러한 관계=비라는 개념 그 자체를 어떻게 변형하는가이다.

---

14) Cf. G. Deleuze & F. Guattari, *L'anti-Œdipe*, Minuit, 1972, pp. 429~430, 470~471. 이하 *AŒ*로 표기. 『アンチ・オイディプス』, 市倉宏祐 訳, 河出書房新社, 1986, pp. 426~428, 466 [『안티오이디푸스』, 김재인 옮김, 민음사, 2014, 591~593쪽]. "오이디푸스는 4, 3, 2, 1, 0…이라는 하나의 벡터이다. 4란 그 유명한 상징적 넷째 항이다. 3이란 삼각형화이다. 2란 두 개의 이미지이다. 1이란 나르시시즘이다. 0이란 죽음욕동이다."

운동과 정지, 그것은 연장의 양태에서 가장 근원적인 두 다양체이다. 스피노자는 이를 연장속성에서의 직접무한양태로서 제기했다. 이것이 양태에 관한 내포적 무한이라고 한다면 간접무한양태는 이러한 운동과 정지의 비율=비의 총체 ── '전 우주의 모습' ── 이다. 그것은 이 비율=비 아래에서 양태가 존재에로 규정되는 한, 양태에 관한 외연적 무한의 영역이라고 생각할 수 있을 것이다. 운동과 정지의 비율=비가 양태의 본질을 표현한다고 생각되는 것은 어디까지나 이 외연적 무한에서이다. 그런데 정지는 운동=0의 상태가 아니라 무한히 많은 방식의 '늦음'이며, 마찬가지로 운동은 정지=0이 아니라 무한히 많은 방식의 '빠름'이다. 이것들은 속성의 절대적 본성으로부터 직접 산출된 무한양태이다. 그러나 운동과 정지는 그것들의 비율=비가 만들어지는 무한양태의 외연적 측면과는 별도로, 다른 운동 혹은 정지와 분리되지 않는 무수한 부분을 포함한, 절대적으로 단순한 교류와 상호함입, 교배와 상호운동을 보여주고 있는 것이다. 바꿔 말하면 그것들은 절대적 '사이' ── 즉 속성과 개체의 '사이'이며 교배적 운동이라는 원原-양태화 ── 에서 산출된, 직접무한양태로서의 가속과 감속이라는 두 개의 다양체를 형성하는 것이다. 이러한 내포적인 무한양태의 형상은 다음과 같이 나타난다. 어떤 운동은 반드시 하위의 운동과 정지로 이루어지고 이 운동과 정지도 각각 다른 운동과 정지로 이루어지며…, 이하 무한히 계속된다. 정지에 관해서도 마찬가지다. 이처럼 두 다양체는 절대적인 '사이'에서 산출되는 것이다. 그것들은 바로 '사이'로서의 내재면을 형성하는 내포적인 무한운동의 물결이다. 그리고 외연적 무한양태는 이 내포적 무한양태의 포피이다. 이 포피가 영원한 진리라 칭해지는 것이다. 바꿔 말해 존재하는 양태에 관한 특정한 운동과 정지의 비율=비와 그 모든 비율=비에 관해 말해지는 영원한 진리는 운동과 정지의 실재적이고 내포적인 무한교배와 연동이 스스로 형성하는 하나의 외피이며, 이는 유일한 것이다. 이 외피를 할퀴는 것, 그것은 본질을 표현하는 것을 할퀴는 것이지만, 이 표현 안에서만 본질은 존재한다. 즉 그것에 의해 본질은 촉발되는 것이다. 이 할퀴기 위한 손톱은 비율=비의 개념이 변질하여 변조를 일으키면 일으킬수록 더욱더 자라나는 하나의 존재의 방식이다.

이제 지속해서 존재하는 유한양태의 차원으로 장면을 돌려보자. 앞서 기술했듯이 내 신체의 활동역능의 증대, 즉 내 신체와 다른 물체=신체 사이에서 내 신체corps가 생성되는 것을 예컨대 퐁주Francis Ponge의 "사물-유희"objeu 혹은 차라리 "사물-기쁨"objoie이라는 말을 사용하여 '사물-기쁨 c'objoie c라 부르기로 하자.[15] 마주침의 조

---

15) 프랑시스 퐁주의 "사물-유희"(objeu) —— 나아가 이것은 "사물-기쁨"(objoie)으로 이어진다—— 에 관해서는 阿部良雄, 『ポンジュ 人・語・物』(筑摩書房, 1974) 혹은 앞서 언급한 『フランシス・ポンジュ詩集』, 또한 라캉의 "대상 a"를 대신하여 가타리와 장 우리가 제기하는 제도론상의 "대상 b"에 관해서는 예컨대 三脇康生, 「精神医療の再政治化のために」(『精神の管理社会をどう超えるか』수록) 참조.

직화는 관계의 외재성 속에서 기쁜 물체=신체와 결합하는 것인 이상, 단지 우연에 기대는 것이 아니라 '불확정적인 관계들' 속에서 요소들이 재-편성화되는 것이다. 이는 기계 모양의 욕망이며, 우연성이 아니라 오히려 필연성을 존재하는 양태들 자신의 본성으로 삼으려는 노력이기도 하다. 기계 모양이란 '연결의 부재에 의해 연결되었다'는 특이한 상태에 있는 부분들의 어떤 정도의 총체ensemble를 의미한다. 욕망은 무언가를 바라도록 하는 힘이 아니다. 왜냐하면 만일 그렇다면 욕망은 결여를 나타내는 것이 되어버리기 때문이다. 욕망은 '욕망하다-욕망되다'라는 관계 없이 모든 판단에 앞서 발동하는 하나의 종합 상태이며 그것이 기계 모양이라 칭해지는 것이다. 기계 모양의 욕망이란 아프리오리하지만 항에 대한 관계의 외재성이라는 경험을 포함하는 한에서 비순수한, 즉 아프리오리하고 비순수한 정동이다. 거기서는 그것들 간의 관계가 외재화된 몇몇 항이 각각 자기 동일성에 빠지지 않고 자신의 외부에서 생성변화를 이루는 사건이 생기하는 것이다. 따라서 이 '사물-기쁨 c'라는 관계=비는 두 개의 항 사이에서 그 두 항의 비병행적인 생성변화를 표현하는 것이다. 여기서 내가 말하는 '사물-기쁨 c'란 일반성이 가장 낮지만 새롭게 사물을 느끼는 방식, 지각의 방식을 포함한 하나의 공통개념이다.

"왜 에베레스트에 오릅니까?"라는 질문에 대해 등산가 조지 맬러리George Mallory는 "거기에 그것이 있기 때문"이라고 답했다. 여기서는 사람과 산 사이의 언어 내적인 일반적 관계가 문제인 것이 아니다. 도리어 여기에는 어떠한 관계도 없다고 말해야 한다. 비관계 속에서의 '결합-생성'이 문제인 것이다. '어떤 맬러리에게 거기서 에베레스트가 되는 것'이 생기할 뿐이다(부정법의 동사와 고유명사와 부정관사 혹은 대명사로 구성되는 욕망의 표현). 어떤 맬러리un Mallory의 신체와 다른 물체 즉 에베레스트의 사이에는 이 신체의 생성변화를 보여주는 '사물-기쁨 c'가 있을 뿐이다. 이는 하나의 특이한 사건의 선을 긋는 형식으로 욕망을 내실화한 어떤 '그것'(3인칭인 'il'이라기보다도 차라리 탈인칭성으로서의 'ça')으로서의 무의식의 생산을 보여주고 있다. 이 문답, 혹은 동성애자 맬러리의 "거기에 그것이 있기 때문"이라는 말은 연결의 부재 속에서 어떻게 실재적으로 구별되는 요소들이 기계 모양의 결합을 이루어 작동하는지 잘 나타내고 있다. 이미 인간은 세계를 대상적으로 구성하는 주체도 아니고 스피노자가 말하는 "자연의 공통의 질서" 속에서, 혹은 모든 기존 불변적 관계의 가능성의 조건들 속에서 우연에 몸을 맡기는 정상병자도 아니라, 현실에 구별되는 요소들이 불확정적인 관계 아래에서 필연적으로 연결되어 작동하는 '욕망하는 기계'의 한 부품이다. '산-등산가', '동물-조련사', '인간-말-활'…, 모든 것은 고유한 전쟁기계를 이루고 기계적으로 작동·편성된 생산적 욕망이며, 그런 한에서 **욕망은 자기의 본성의 법칙들을 가장 잘 포함한 것이다** —— 모든 가능성이 소진되어야 비로소 발동하는 욕망(=필연성)이란 무엇일까. 그것은 몇 번이나 말했듯이 인간의 본질을 어떤 연속적인 변형·변질의 상相으로 이끌려는 노력이다.

비례성의 형식은 표현의 형식이 아닌 이상, 어디까지나 사변적이고 명목적인 이해만을 우리에게 부여한다. 개체의 특이본질을 직관한다는 것은 이 본질로부터 절대적 원근법을 직관하는 것이며, 거기서는 역사적·사회적으로 코드화된 표상상을 옆으로 미끄러져갈 뿐인 인간적인 비례성의 형식, 유비의 반복은 전혀 포함되지 않는다. 직관지에서 비율=비가 보여주는 것은 개체의 내적인 절대적 원근법에 따라 표현된, 그 개체의 특이한 본질이다. 그러므로 비율=비의 관념은 비례의 동등성을 나타내는 비례성의 형식을 파괴하고, 그 외재적인 시점과 시선을 무화하는 것이어야 한다. 따라서 '정신의 눈'은 신체로부터 시점과 시선에 시종일관하는 기관으로서의 눈을 빼앗으며, 그런 한에서 탈기관체에 관계지어지는 하나의 정신이다. 원인과 결과라는 관계=비에 대해서조차 이 원근법주의는 작용해야 한다. 그것은 결코 원격원인의 재도입이라는 것이 아니라, 작용원인과 자기원인의 일의성 아래에서 각각의 원근법에 따라 원인·결과의 관계=비의 개념이 변형되는 것이다. 존재란 본질을 할퀴는 손톱이다. 그 손톱을 가는 것만으로 존재의 의미를 찾아내기. 존재의 의미란 무엇보다도 첫째로 본질의 변형이며 둘째로 비-존재에서의 본질의 촉발이다. 조너선 데미Jonathan Demme의 「양들의 침묵」(1991)에 나오는 렉터 박사(앤서니 홉킨스Anthony Hopkins)의 치아는 존재를 물고 늘어질 뿐이지만, 아르토(아르토 르 모모le Mômo)의 치아는 마치 본질을 할퀴는 손톱, 죽음의 손톱과 같다. 그것은 저 영원한 진리 아래에서 수상쩍은 무한한 교배와 연동을 계속하는 내포적 양태의 형상군에 꽂히는 손톱이다. 그렇다면 마주침의 조직화=유기화를 모두 빼앗긴 자에게 '사물-기쁨 c'는 전혀 불가능한 사항일까. 반대로 그것은 어쩌면 무능력한 자에게는 표면상 가장 달성되기 쉬운 사항일지도 모른다. 그러나 어느 쪽이든 그 곤란함과 용이함이 공포라는 수동성의 체제 아래에 있다는 것에는 변함없다.

4. 헤테로리즘 선언

1) 헤테로리즘이란 무엇인가 — 공포에서 잔혹으로

차이는 무언가가 빠진 것이 아니다. 차이는 결여가 아니다. 차이는 동일성을 결여한 것이 아니다. 결여되어 있는 것은 오히려 동일성이다. 결여되어갈 수밖에 없는 것, 그것은 항상 가능성 아래에서 포착된 사물이다. 동일화의 사유에 맞서 차이를 긍정하려는 사유는 하나의 불가능한 사유이다. 그러므로 이 사유는 '동일화-사유'의 구현자들에게는 결여로서의 '무능력' 이외의 그 무엇도 아니게 된다. 차이의 제1차성을 주장하는 것이 가능할 리 없고, 가능하다고 해도 꿈이야기밖에 되지 않을 것이다. 그러나 '차이-사유'는 불가능하기 때문에 즉 가능성이 소진되어 있기 때문에 그 독자의 필연적인 사유여야 할 것이다. 차이를 긍정하는 것은 차이적인 것을 단지 이리저리 생각하는 것이 아니라, 차이를 실재로서 정립하는 것이며 사유 그 자체의 강도에 부분적으로 생성하는 것이다. 차이는 복수의 것 사이에 정립되는 것이 아니라 다양한 것의 존재이다. '복수의'에는 '다른'이라는 관념이 완전히 결여되어 있는 것이다. 이런 한에서 '복수의'와 '다양한'은 대립하며, '다양한'이라는 말은 서로 이질적인 다른 것에 관해 사용되어야 하기 때문이다. 이런 의미에서 '차이-사유'에는 처음부터 어떤 종류의 헤테로주의héterisme라고도 할 수 있는 것, 이질에의 의지가 숨겨져 있다. 그것은 동질적인 것과는 다른 것에의 의지일 뿐만 아니라 그 균질성 자체를 변용시키려는 노력이다. 본서의 과제에 따라 단적으로 말하면, 그것은 공포를 이용하는 것이 아니라 오히려 공포의 정념체제를 잔혹의 정동체제로 변형하는 것이다.

그러므로 이 헤테로주의는 공포라는 우리의 감정을 이용하는 모든 입장, 즉 테러리즘terrorisme을 변형하는 시도이다. 테러리즘은 극복되어야 할 감정체제의 하나이다. 테러리즘은 이를테면 헤테로리즘héterrorisme으로 생성하는 것이다. 혹은 테러리즘의 정신을 구성하는 모든 감정, 슬픔, 증오, 분노, 질투 그리고 복수심은 그 '수동성-공포'의 체제로부터 헤테로리즘의 '능동성-잔혹'으로 극복되어야 할 과정인 것이다. 이 '차이-사유'는 이러한 헤테로리즘으로의 하나의 원인이 되기도 할 것이다. 헤테로리즘이란 무엇인가. 그것은 공포의 감정을 행위의 받침으로 삼는 것이 아니라, 문자 그대로의 공포주의를 변이시키는 입장을 의미한다. 존재에 공포를 각인하려는 것이 아니라 그것을 역류시켜 본성을 무참히도 변형·변화시키려는 시도이다. 그것은 비물체적인 것을 변형하려는 활동이라기보다도, 혹은 비물체적인 것의 변형을 향한 물체들의 작동·편성의 총체라기보다도 차라리 공포에서 잔혹으로 감정의 흐름을 만들어내는 것이라고 하는 편이 좋을지도 모른다. 따라서 헤테로리즘이란 하나의 커다란 주의主義를 제시하는 것이 아니라, 오히려 부분관사에 의해 한정되는 분자적 수준에서의 사유의 가혹한 행사에 의해 구성되는 것이다. 테러리즘과 헤테로리즘 사이에 본성의 차이가 있는 것처럼 공포와 잔혹 사이에도 본성의 차이를 수립할 필요가 있는 것이다. 공포와 잔혹은 신체의 동일한 변양을 표시하는 말도 아니고, 그것들 사이에 정도의 차이를 가져오는 것도 아닐 것이다.

공포는 우리의 신체의 모든 변양을 수동성의 상 아래에 고정한다고까지 할 수 있다. 스피노자에 따르면 다른 것으로의 관심을 전부 빼앗는 식으로 우리의 시선을 잡아두는 것이 존재하는데, 그것은 어떠한 사물의 부분도 아니라는 의미에서 '특이한 어떤 것'이다. 그리고 이러한 어떤 것에 관한 우리의 중립적 표상이 '놀람'이며, 이는 그 어떤 것으로부터 시선을 돌릴 수 없고 정신이 이 표상에 묶인 채로 있는 상태를 나타내고 있다. 이러한 놀람은 그것만으로는 단순한 지각이지만, 이 특이한 어떤 것이 인간의 복수심이나 분노 등을 동반하여 표상될 때, 놀람은 바로 '공포'라는 감정이 되는 것이다.[16] 그런데 만일 일반성이 가장 낮은 공통개념을 형성하지 않는다면 우리는 바

---

16) 스피노자, 『에티카』, 3부, 정리 52, 주석 참조.

로 스피노자가 말하는 수동감정의 체제 속에 고정되어버린다. 즉 수동감정의 특성을 생각하면 우리는 이 감정의 체제 전체를 공포의 정념적 체제로 용이하게 전환시킬 수 있는 것이다. 바꿔 말해 수동감정의 체제 속에서 공포의 정념적 체제는 정적으로 발생한다는 것이다. '수동성-감정'에는 놀람에 의해 고정되고 공포에 의해 지배된 하나의 죽음의 원근법이 있다고 할 수 있다. 죽음은 이러한 공포에 의해 구성된 삶 속에 둘러싸이게 된다. '차이-사유', 일반성이 가장 낮은 공통개념의 형성이 필요해지는 것은 공포에서 지복으로(스피노자), 혹은 공포에서 잔혹으로(아르토)라는 다른 발생 때문이다.

지각이나 감정에 대응하는 수동성의 언어는 설령 그것이 받아들이기 어려운 사항을 사람에게 제시할지라도, 듣기 쉽고 이해하기 용이한 말로 되어 있다. 그러나 아르토의 언어는 전혀 다르다. 그의 언어는 처음부터 그 자체로 완전히 어떤 능동성을 띤 것이다. 잔혹은 어떠한 사실로서 미리 존재하는 것이 아니다. 만일 그리 파악한다면 잔혹은 바로 아르토가 말하는 존재의 '똥'과 동일한 것이 되어버릴 것이다. 그게 아니라 잔혹이란 도리어 권리상의 차원에서 —— 권리상의 무능력에 의해 —— 무언가가 극적으로 변화하는 것이다. 그것이야말로 잔혹연극의 유일한 상연 기회이며 이 변화 자체가 잔혹이라 말해지는 것이다. 거기에서 살과 똥을 원함과 동시에, 그러므로 반대로 그것들로 인해 철저하게 공포에 떠는 수동적 양태로서의 인간은 바로 자기의 본질을 연속적 변형에 따라 속속들이 드러낸다는, 인간이 생각할 수 있는 가장 능동적인 활동으로 자신의 뼈와 피, 혹은 쇠와 불을 부어넣는 것이다.[17] 들뢰즈가 말한 "공포의 연극"과 "잔혹의 연극" 간의 차이는 바로 이러한 논점과 관계되어 있다. 들뢰즈의 표현을 이용하면 공포란 "깊이 찌르는 **음성적**音聲的 가치=힘 속에서 작렬하는 '말-수동'"을 이용하여 수동적인 연극을 존재하게 함과 동시에 "토막 난 신체" 아래에서 전개되는 감정이다. 그것은 아마도 극장의 철학을 규정할 수 있는 하나의 존재론적인 요소일 것이다. 반면 잔혹이란 "분절되지 않는 **음조적** 가치=힘을 용접하는 '말-능동'"을 군생화群生化시켜 능동적인 연극을 그 장에서 성립시킴과 동시에 '탈기관체'를 형성하고 투여하는 것으로서의 순수강도이다.[18] 따라서 이 구별은 위험이라 말해지면서도 결국은 신체의 표면에서 이해될 뿐인 비유의 종류도 아니고 또한 하나의 신체, 하나의 말, 하나의 연극에서 모순 없이 공가능적으로 병존하는 두 측면을 나타내는 것도 아니

---

17) "현존하기 위해서는 자신을 존재하는 대로 두기만 해도 된다 / 허나 살기 위해서는 / 누군가일 필요가 있다 / 누군가이기 위해서는 / 하나의 '뼈'를 가져야만 한다 / 뼈를 드러내는 것을 / 이어서 살을 잃는 것을 두려워해서는 안 된다. / 인간은 늘 살을 좋아했다 / 뼈의 대지보다도. / 뼈의 대지와 숲밖에 없었기에 / 인간은 살을 손에 넣어야만 했다 / 쇠와 불밖에 없고 / 똥이 없었기에 / 인간은 똥을 잃는 것이 무서웠다 / 혹은 차라리 똥을 바랐다 / 그리고 그것을 위해 피를 희생한 것이다."(A. Artaud, *Pour en finir avec le jugement de Dieu*, 1948, *Œuvres*, p. 1644 / 『神の裁きと訣別するため』, 宇野邦一 訳, ペヨトル書房, 1989, pp. 22~23) 탈기관체는 쇠와 불, 혹은 피와 뼈로 이루어질 뿐만 아니라 '신체의 존재'에 대립하는 바로 '신체의 본질'이라는 것이 이 아르토의 시로부터 이해될 것이다.

18) Cf. *LS*, pp. 101~114 / pp. 107~121 [『의미의 논리』, 165~179쪽].

다. 존재로부터 탈출할 때 존재로서의 살로부터 흘러나온 피는 그것이 서서히 잔혹으로 즉 본질의 변형으로 이행함에 따라 오직 뼈만을 찾아내고 오직 뼈하고만 혼합하는 것이다.

공포는 실현되지만 잔혹은 반-효과화된다. 혹은 공포는 항상 존재의 가능성 아래에서 실현되지만 잔혹은 실재적 필연성을 존재의 본질에 있어 반-효과화한다는 것이다. 공포는 아무리 많은 피가 흐르고 신체가 절단되었을지라도 어디까지나 사람의 정신을 특정한 표상에 잡아둔다는 '극장의 철학'으로서의 관상觀想의 문제로 고정되는 것이다. 하지만 잔혹은 어떠한 유혈도 육체의 절단도 없이 어떻게 피와 뼈를 그 유기체로부터 유출시킬까 하는 '공장의 철학'으로서의 실천의 문제이다[19] ── "잔혹에서 가학 취미나 피는 문제가 되지 않습니다. 적어도 그것만은 아닙니다. 저는 공포를 계획적으로 조성하려는 것이 아닙니다. […] 육체를 가르지 않고서도 순수한 잔혹을 상상하는 것은 충분히 가능합니다."[20] 가능성 아래서의, 그러나 철저한 실현으로 인한, 혹은 피로와 노동으로 인한 공포인 데 반해 잔혹은

---

19) "피부 아래의 신체는 가열된 공장이다 / 그리고 밖에서는 / 병자는 반짝인다 / 그는 빛난다 / 자신의 모든 모공을 / 파열시키고. / 정오의 / 고흐의 / 풍경처럼."(A. Artaud, *Van Gogh le suicide de la société*, 1947, *Œuvres*, p. 1459 / 『ヴァン·ゴッホ』, 粟津則雄 訳, 筑摩書房, 1986, p. 57 [앙토냉 아르토, 『나는 고흐의 자연을 다시 본다』, 조동신 옮김, 숲, 2003, 94쪽])

20) A. Artaud, *Le Théâtre et son Double*, in *Œuvres*, p. 566 / 『アントナン·アルトー著作集 I. 演劇とその分身』, pp. 173~201.

이러한 존재 아래서 실현에의 의지가 전혀 없으며 그런 한에서는 무능력자의 선택이다. 하지만 실현은 그 실현의 가능성이 소진되어 있기 때문에 역류하여 본성의 변형을 반-효과화하고 그에 따라 도래해야 할 새로운 '수육의 체제' 아래에서 실현되는 것이다. 따라서 테러리즘이란 첫째로는 우리 속의 극복되어야 할 감정의 체제이며, 둘째로는 공통감각에 의해 지지된, 그 반복 가능성의 의식과 실감이야말로 소진되어야 할 것이 된다.

한편 들뢰즈가 짐작하려는 잔혹에서의 "음조적tonique 가치=힘"이란 바로 강도이다. 외침 혹은 숨에 관계지어진 강도, 그것은 단지 '소리-변양'을 위할 뿐인 발생적이고 실재적인 요소이다. 외침으로서의 말, 숨으로서의 말은[21] 음가상 단순한 침묵이자 무음이다.[22] 그

---

21) "그런데 신체는 숨과 외침을 가지고 있는데, 이것들에 의해 신체는 유기체의 부패한 가장 깊은 곳으로 퍼질 수 있고, 또한 높은 차원의 신체가 대기하고 있는, 이러한 숨과 외침이 드높이 빛나는 평면으로 분명히 자신을 이행시킬 수 있는 것이다."(A. Artaud, "Le théâtre et la science", 1947, Œuvres, p. 1547)

22) "'들리지 않는 음악'에서의 소리(무음)는 이러한 소리의 각 요소(높이, 세기, 길이, 음색)의 값이 모두 0인 것이라 생각하길 바란다. […] 소리의 모든 파라미터 값이 늘 0인 무음은 여러 종류일 수 없다. 가령 들리는 소리의 다양함만큼 다양한 무음이 존재할지라도 그 무음의 모든 파라미터가 0이면 사람은 그것을 구별할 수 없다. 무음은 항상 단일하고 균질한 무음으로서 인식될 것이다."(近藤讓, 『線の音楽』, 朝日出版社, 1979, pp. 16~17) 그러나 무음이란 모든 파라미터가 0일 필요 없이 어느 한 파라미터 값이 0이라면 그 이외의 세 가지 요소가 아무리 **특정되어 있어도 들리지 않는** 것이다. 무음도 양태이며 이는 존재하지 않는 '소리-양태'이다. 우리는 그 존재하지 않는 소리를 다른 무수히 존재하는 음악 가운데 들을 수 있는 것이다. 왜냐하면 특정되어 있어도 들리지 않는 소리일지라도, 존재하는 음악의 다른 요소들과 잠재적으로는 무한히 연동하고 있기 때문이다. 그것은

러나 그것은 단지 신체의 "음성적phonétique 가치=힘"에 대응하는 '상자'가 없다는 것, 즉 말의 언어를 발하기 위해 교정된 발성기관으로는 실현할 수 없다는 것일 뿐이다. 음성성과는 전혀 다른 소리의 가치를 음조성은 가지고 있는 것이다. 그것은 인간의 발생 혹은 출생을 벗어나 있기에 소멸 혹은 유산流産의 소리이며, 또한 모든 언어습관을 넘어서기 위해 가청적可聽的이지 않은 '소리-강도'이다. 이는 분명 존재에서는 강약 이외의 파라미터(지속, 음질, 높이)를 갖지 않는 소리, 혹은 오히려 그런 한에서는 유산된 음성적 노이즈이지만, 신체의 본질을 향해 낙하해가는 음조적 '강도-외침'이다. 그것은 능동적인 것이다. 잔혹은 존재에 관한 자기유산이다. 이러한 의미에서 존재의 유산이 만약 타자의 개재하에 생긴다면 이 잔혹은 다시금 공포로 변화할 것이다. 아르토는 "실재성을 구체화하기 위해 비가시적인 것을 유산시키는 것"[23]이라 말한다. 로제 블랭Roger Blin에게 보낸 편지에 쓴 이 말은 분신론의 입장에서 말하면 반대로 비가시적인 것을

그 소리의 관념을 가진다는 것이며 설령 '물리적으로 존재하지 않을'지라도 그 소리의 본질은 존재하는 다른 음악 가운데 포함되어 있다. '선(線)의 음악'에서 듣는 사람이 음의 '연접' 양태를 듣는다는 특이한 논점에는 이러한 존재하지 않는 음악의 막연한 본질로부터 즉 그 잠재성으로부터 어떻게 외연적인 관계를 가진 소리의 일의대응적인(bi-univoque) 배치(grouping)가 아니라 복의적인(polyvoque) 배치를 만들어내느냐는 작곡방법론상의 문제의식이 포함되어 있을 것이다.

23) Cf. A. Artaud, "À Roger Blin"(Espalion, 25 mars 1946), Œuvres, p. 1066 /『アントナン・アルトー著作集 V. ロデーズからの手紙』, 宇野邦一・鈴木創士 訳, 白水社, 1998, p. 221.

유산시키기 위해 실재성의 구체화를 행사한다는 것이다. 음조적 가치란 이 유산 자체의 가치, 변형 자체의 가치, 혹은 변형에 불가피하게 동반하는 것의 가치이며, 그것은 강도라는 음소밖에 갖지 않는다. 실재성의 실현이란 바로 이 변형 혹은 유산의 구체화인 것이다.

　이러한 가운데 수동은 능동이 되고, 공포는 잔혹으로 변화할 것이다. 들뢰즈는 정신분석에 꼭 만족하는 것은 아니지만 그것과 화해 가능한 논점을 유지하면서 「정신분열자와 소녀」의 끝부분에서 다음과 같이 썼다. "앙토냉 아르토는 신체적인 수동과 능동이라는, 심층에서의 두 가지 언어활동에 일치된, 극도로 과격한 양자택일로 아이를 몰아붙인다. 하나의 선택에서는 아이가 태어나지 않는다. 즉 아이는 결국 자신의 척추——이 위에서 부모는 간음한다——가 될 상자에서 나가지 않는다(역방향의 자살). 또 하나의 선택에서 아이는 기관도 부모도 없는 유체적이고 밝게 빛나며 타오르는 신체가 되는 것이다(아르토는 이것을 태어나야 할 '딸들'이라 불렀다)." 그러나 이 양자택일은 하나의 의사擬似문제이다. 아이는 끝까지 이 양자택일의 상태에 몰아붙여질 뿐이다. 아이는 결코 어느 쪽이든 한쪽을 선택하지 않는다. 아이는 어느 쪽도 택하지 않는다. 혹은 오히려 아이는 다른 방식으로 양쪽을 선택한다고 해야 할지도 모른다. 그것은 태어나는 방식을 바꾸는 선택이며, 생식이 아니라 감염에 의한 탄생을 선택하는 것이다. 이 잔혹한 변형과정 속에서, 태어나지 않고 감염된 자기 자신의 '아이-되기'라는 사건이 생기한다. 수동에서 능동으로, 공포에서 잔혹으로의 이행 그 자체가 유일한 선택, 그 유일한 실천의 선택, '아이-되기'인 것이다. 가장 중요한 과제는 공포에서 잔혹으로의 이러한 실질적인 천이과정을 욕망하는 것이다. "역방향의 자살"이란 존재 속에서 태어나기 전에 죽음을 선택하는 것이며, 또 "타오르는 신체가 되는" 것이란 이 사후에 유일한 삶을 선택하기, 즉 분신을 투여하는 생존의 양식 — 태어나야 할 '딸들' — 을 선택하는 것이다.[24] 이러한 딸들은 탈기관체로부터 그 아이로서 태어나는 것이 아니라, 신체의 존재로부터 유산되고 그로부터 신체의 본질로서의 탈기관체(강도=0)로 낙하·투여할 때 내뱉어지는 고유한 수준인 것이다.

2) 분열분석적 경험 — 아르토라는 절대적 사례

흄에게서 유래하는 '관계의 외재성' — 관계(=연관)는 그 관계항에 대해 외재적이다 — 이라는 개념은 실체주의와 관계주의에 명확히 대립하는 제3의 입장이며, 이 두 가지 주의를 동일한 사유의 산출물

---

24) 아르토는 4막극인 『첸치 일가』에서 부친에게 능욕당해 비극을 맞는 베아트리체에게 다음과 같은 대사를 말하게 한다. "나의 단 하나의 죄, 그것은 이 세상에 태어난 것. 자신의 죽음을 선택할 수는 있어도 자신의 삶을 선택할 수는 없었다. 거기야, 운명이 작렬하는 것은."(A. Artaud, *Les Cenci*, 1935, *Œuvres*, p. 621 / 『チェンチ一族』, 利光哲夫 訳, 『夜想6. アルトー, 上演を生きた男』, 1982, p. 146 [『첸치 일가』, 신현숙 옮김, 연극과인간, 2004, 50쪽]) 이러한 운명의 작렬을 유산시키는 것 즉 역류된 생산이 이 양자 택일의 문제이다. 즉 태어나기 전에 죽음을 선택하기 그리고 죽은 후에 삶을 선택하기 — 바로 아르토의 경로이다.

이라고 간주할 수 있는 입장이다. 그렇지만 그 이상으로 이 외재성이 이러한 실체개념과 함수개념을 파괴함과 동시에 어떤 관계에 관해 현실적인 비물체적 변형을 동반했을 때, 그것은 이미 거의 부정적으로밖에 작용하지 않는 현행 조건들의 한가운데에 이야기화된 인물론적 무의식도 구조화된 기호론적 무의식도 아닌, 하나의 반시대적인 선험적 무의식을 형성할 것이다. 아르토는 『여기에 잠들다』에서 다음과 같이 썼다. "나, 앙토넹 아르토, 나는 나의 아들이자 나의 아버지 / 그리고 나 자신이다. / 아이 갖기가 자업자득에 빠지는 바보스런 쳇바퀴를 멈추는 자이다 / 아빠-엄마의 쳇바퀴 돌기 / 그리고 아이, / 부-모 따위보다는 / 단연 할머니 엉덩이의 그을음의."[25] 아르토는 아버지, 어머니, 아들 그리고 그 자신이라는 생식의 계열, 혹은 생식활동을 매개로 한 존재자의 수를 산출할 뿐인 원인·결과의 계열을 편력한다. 하지만 그것은 아빠-엄마가 될 커플의 쳇바퀴 돌기, 그 진정 바보스런 쳇바퀴 돌기를 끊는 여행이며 반反혈통계열적인 내포의 가혹한 여행이다. 이는 그러한 계열에 대한 비물체적 변형의 여행, 자기재생의 과정이며 결코 그 각각으로 동일화하는 여행도, 사전에 존재하는 기존의 형상을 목적으로 한 생성, 즉 '있는 것-되기'라는 생성도 아니다.[26] 이 계열들은 아르토가 통과하는 혹은 차라리 제

---

25) Cf. A. Artaud, *Ci-gît*, 1947, *Œuvres*, p. 1152;「アントナン・アルトー」,『フランス詩大系』, 窪田般彌(責任編集), 青土社, 1989, pp. 581~585.

자리걸음하는 ─ 움직이지 않고 걷는 ─ 그 경로에서 철저하게 멈춰지고 부정되고 변형되는 것이다.

아르토는 성性을 뒤트는 자, 구부리는 자, 페스트를 초래하는 자인데, 이는 단지 그 존재만을 목적으로 한 것이 아니다. 왜냐하면 아르토는 존재를 성으로부터 순화하고 탈성화할 뿐만 아니라 존재의 본질, 성의 본성에 변형을 초래하려고 하기 때문이다. 여기서 내가 말하는 '페스트'란 연극의 분신임과 동시에 그러한 본질을 변형하기 위한 실재적인 요소들이다. 반혈통, 반계통, 반계열의 여행에는 어떠한 동일화도 존재하지 않는 이상, 이 내포의 여행은 가혹한 무숙無宿의 여행이며 강도의 여행이다.[27] 기억과 습관의 현실 속에서 고정화되고 침전화된 관계들을 변화시키지 않고서 욕망이 혁명적이었

---

26) 이러한 자기재생에 관해 데리다는 『아르토 르 모마』에서 다음과 같이 기술했다. "완전히 새로운 신체 즉 탈기관체의 탄생, 재생이 얼마나 여기에 전시된 데생과 초상 전부 ─「신의 성적 서투름」(no. 60)에서 「부-모의 증오」(no. 67)까지, 「존재와 그 태아들」(no. 46)에서 「처녀 잉태」(no. 48)까지, 「참다운 신체의 투사」(no. 110)에서 자기생성의 과정으로서 그때마다 해석될 수 있는 많은 자화상까지 ─ 와 관련된 중요한 문제인지 여러분은 깨달을 것입니다. 각각의 자화상은 자기 자신의 재생인 것입니다."(J. Derrida, *Artaud le Moma*, Galilée, 2002, pp. 42~43. 단, 작품번호는 P. Thévenin & J. Derrida, *Antonin Artaud, Dessins et portraits*, Gallimard, 1986 / 『デッサンと骨像』, 松浦寿輝 訳, みすず書房, 1992에 기재된 것으로 바꿨다).

27) 들뢰즈/가타리는 이러한 여행에 관해 예컨대 다음과 같이 기술했다. 자크 베스(Jacques Besse)의 놀라운 글 속에 묘사된 "분열자의 분신(=이중)의 산책"이란 "분해 불가능한 여러 거리에 따른 지리적인 외재적 여행"과 "품고 있는 여러 강도에 따른 내재적인 역사적 여행"으로 이루어진다(Cf. *AŒ*, p. 104 / p. 111 [『안티오이디푸스』, 161쪽]).

던 적은 결코 없을 것이다. 그래서 물체상의 변혁과 비물체적인 것의 변형으로 이루어지는 참다운 혁명은 한 차례도 일어나지 않는 것이다. 특히 여기서의 문제는 여러 항상적이고 불변적인 '관계'(예컨대 친자관계, 부부관계 등) 개념의 동일성과 그 선행성 속에서 미리 확정된 생물적·사회적인 관계항(예컨대 아들, 아버지, 어머니, 나)으로 이행하여, 그때마다 그들 안의 누군가에게 단순히 동일화한다는 것이 아니다. 이 관계들 그 자체를 변형하지 않고서는 생성변화할 수 없는 강도적 양태로서의 아들, 아버지, 어머니, 내가 문제인 것이다. 그렇다면 이 내포의 여행, 이 강도의 흐름은 어떤 이동경로를 낳는 것일까?

'감염성의 경로에 관하여' ── 나=아르토는 단지 외부의 원인으로서의 아버지와 어머니로부터 결과로서의 자식을 향해 가는 것이 아니다. 가장 중요한 것은 이 이행과 동시에 원인·결과의 관계(혹은 친자관계) 그 자체가 잔혹할 정도까지 뒤틀려 변형해가는 것이다. 이 극한極寒과 작열灼熱의 이동경로야말로 바로 인간에 관한 비물체적인 관계들을 변형하는 경로이며, 이 경로를 걷는 것 자체가 하나의 분열분석적 혹은 분열종합적인 보행경험인 것이다. 아버지와 어머니는 성적 존재에 붙잡혀 그것에 감염된 가운데 생식활동을 한다. 그런 한에서 이 감염은 생식과 대립하지 않는다. 하지만 그 양자택일 중에서 아이는 이미 단순한 '헤아려지는 수'(수적으로 구별되는 것)로서의 하나의 탄생을 거부하고 태어나지 않기를 선택한다. 그러나 유산하기 위해서는 역시 부모가 필요하며, 그러므로 아이는 단순한 한 결과라는 분신을 뛰어넘어 오히려 부모라는 자기 존재의 외적 원인에 대한, 혹은 그 원인의 변형에 대한 발생적 요소가 되려고 하는 것이다. 왜냐하면 실제로 그 아이는 신체의 현실적인 존재를 이미 어른의 신체로서 가지고 있기 때문이다. 하지만 이러한 아이의 신체의 존재가 아니라 그 신체의 본질은 이번에는 이러한 부모를 원인으로 하지 않는다. 신체의 본질에는 부모도 성적 기관들도 필요 없다. 이 밝게 빛나는 높은 차원의 신체는 유산된 후에 즉 그 사후에 선택된 생의 본질이다.

아르토라는 이름을 가진 경련하는 신체의 존재, 그것은 이 불변적 관계들과 그 개념에 대한 투쟁, 그 비물체적 변형 없이는 신체로서 실재할 수 없는 존재이다. 비물체적 변형이란 정확히 말하면 비물체적인 것(의미, 가치, 관계, 공허, 장소 등)에 관한 물체적인 변형이며, 이에 따라 비물체적 유물론의 첫 번째 입장이 성립하는 것이다. 니체가 말하는 비역사적인 구름은 가열된 공장으로서의 신체가 발하는, 드러난 '표현되는 것'(렉톤)의 증기와 어떠한 말도 실현할 수 없는 분절 없는 '숨-외침'과의 상승기류로 이루어진다. 따라서 그것은 비물체적 변형을 위한 무기고와 같은 것이다. 이 신체의 존재에는 기존의 **어떠한 관계도 귀속되어 있지 않고**, 또한 역으로 이 존재를 어떠한 관계들로 환원할 수도 없다. 주의해야 할 논점은 이 변형이 이른바 '정적 발생'을 정확히 정의할 수 있는 물체=신체에 관한 비물체적 변형을 보여주는 것이 아니라, 그 불가입성 때문에 물체=신체처럼은 결코 변형도 파괴도 될 수 없는 것에 관해, 즉 의미나 가치나 관계와 같은 **비물체적인 것**에 관해서만 말해지는 물체적=신체적 변형('동적 발생'을 정의하는 것[28])이라는 것이다.

이러한 의미에서만 **비물체적 변형**은 진정으로 신체에 귀속된다고 말해져야 하는 것이다. 잠재적인 것의 현실화가 기존의 구체적인 것에 대해 그 힘들을 발휘한다면, 그것은 현실화가 이 비물체적인 변형의 물상화物象化와 하나가 될 때이다. 혹은 단순한 '관계의 물상화'로부터 그 관계들의 '비물체적 변형의 현실화'로. 예컨대 아버지를 살해하고(살인원망願望) 어머니와 결혼한다(성욕원망)는 오이디푸스 콤플렉스의 형식을 해석장치로 삼았을지라도, 이 욕망 속에서는 그것이 어떤 결말에 이르렀을지라도 친자**관계**, 부부**관계**라는 관계 그 자체는 이전과 조금도 변하지 않고 여전히 유지된 채로 있다. 왜인가. 관계야말로 숙명이기 때문이다. 그러므로 오이디푸스 콤플렉스에 따라 상정된 원망願望, 욕망, 질투, 증오, 해석, 관계로의 의지는 어떠한 의미에서도 우리가 주장하는 비물체적 변형에 대해 무차이, 무관심이다. 그러나 기존의 관계를 보존한 채로 욕망이 혁명적일 수는 없

---

28) 정적 발생이란 "전제된 사건으로부터 사물의 상태 내에서의 그 실현으로, 또한 명제 내에서의 그 표현으로 이행하는 것"이며, 동적 발생이란 "사물의 상태로부터 사건으로, 혼합물로부터 추상적인 선으로, 심층으로부터 표층의 산출로 직접 이행하는 것"이다(LS, p. 217 / p. 234 [『의미의 논리』, 312쪽]).

다. 따라서 욕망하는 병행론은 이러한 일반적인 특정 관계들 자체를 변형하고, 그 불변적 개념들의 동일성을 실효失效시키는 것에 의해서만 형성될 수 있을 것이다. '잔혹'이란 바로 이 변형의 과정이다. 그것은 인간 마음의 고뇌가 아니라 오히려 동물 신체의 고통에 가까운 것이다. 아르토는 바로 이 비물체적 변형의 고아이고, 인간 본성을 해체하고 잔혹으로서의 본질의 변형에 종사하는 아귀餓鬼이며, 사건 속에서 욕망하는 독신자, 성지 없는 대지의 의의意義이다. 고아나 아귀나 독신자에게는 가혹하게도 관계 그 자체가 모두 관계항에 대해 완전히 외재적인 것으로서 실재적으로 느껴진다.

3) 인간 본성과 결별하기 위하여 ― 잔혹과 감염

신의 심판과, 그리고 그것을 그대로 베낀 듯한 우리의 판단력과 결별하기 위해서는 인간 본성을 변형할 필요가 있다. 신의 심판과 결별한 후에 바로 문제화해야 할 것, 그것은 뒤이어 인간 본성 그 자체로부터 결별하는 것이라 할 수 있다. 인간 본성을 수육시키는 체제를 먼저 가변화하는 것이 중요하다. 인간 본성의 수육 체제, 그것은 특히 생식활동과 그 사회적 체제이며, 그것들은 결국 우리의 감정들의 힘과 그에 대한 우리의 정신의 역능이 떠받치고 있는 것이다. 왜냐하면 이러한 감정이나 정신은 살과 똥에 대한 정당한 분신이기 때문이다. 인간의 존재(=부모)는 인간 본성을 낳는 것이 아니라 인간의 존재의 수(=아이)를 낳는 원인(=생식행위의 주체)이며, 아이에게는 자신이 존재하기 위한 외부의 원인이다. 하지만 아르토라는 아귀에게는 생식의 계열, 혈통의 체계, 유전의 관계와 완전히 결별한 '하나의 참다운 감염성'이 하나의 증식 원인으로서 자리잡는다. 이는 동시에 잔혹연극의 작용 그 자체라고도 할 수 있다.[29] 우리 인간은 생식성이 아니라 감염성을 적극적으로 문제화해야 한다. 이는 본질을 계속해서 유보하는 생식이 아니라 본질의 변형을 가능케 하는 존재의 양태를 어떻게 어떤 전염병으로 군생화群生化할지를 문제로 삼는 것이다.

감염은 오히려 '반反생식'이다. 그렇다면 생식은 사유 속에서 이루어지는 것만으로 충분하다는 무능력에서의 역설적인 외침이 울려 퍼질 것이다. 생식에 의해 태어난 것, 혈통관계에 있는 것이 현실에 존재하기 시작한 후에 어떤 비물체적인 병원균에 감염되는 것이 아니다. 그 경우에 이 감염성은 마치 실체에 대한 하나의 우유적偶有

---

29) Cf. A. Artaud, *Le Théâtre et son Double*, in *Œuvres*, pp. 510~521 / 『アントナン・アルトー著作集 I. 演劇とその分身』, pp. 21~49. "(페스트 환자와 배우 혹은 시인과의 사이에는) 그 밖에도 유사성이 있는데, 그것들은 단지 중요한 진실만을 밝히고, 또한 연극의 작용을 페스트의 작용과 마찬가지로 하나의 참다운 감염성(une véritable épidémie)의 평면에 두는 것이다." (*Ibid.*, p. 516 / p. 37) "이 전달적인 섬망(譫妄)의 정확한 이유를 제시하는 것은 쓸데없는 일이다. […] 무엇보다도 중요한 것은, 페스트처럼 연극적 작용은 하나의 섬망이며, 또한 이는 전달적이라는 것을 인정하는 것이다." (*Ibid.*, pp. 517~518 / p. 40) "우리는 혈통관계에는 **감염성**을, 유전에는 **전염**을, 유성생식 즉 성적 생산에는 **전염병에 의해 증가하는 군생**(群生)을 대치시킨다." (*MP*, p. 295 / p. 279 [『천 개의 고원』, 459쪽], 인용자 강조)

的인 것처럼 이해되어버릴 것이다. 즉 어떠한 감염 혹은 전염이라는 사태는 어디까지나 생식활동의 결과로서 태어난 존재자 이후에 혹은 동시에 그 존재자에 생기하고 귀속되는 것이라고. 그 경우의 존재자 즉 존재의 수는 사실 수동적인 '헤아려지는 수'로서의 존재이다. 감염성은 생식성과 마찬가지로 역시 존재에 관해 말해지는 것일지도 모르지만, 그것은 능동적인 '헤아리는 수'(수적 구별을 낳는 자립한 유목적 활동)에 관계되므로 인간의 혈통이나 유전이나 유성생식이라는 존재의 사이가 너무 많아지는 것을 오히려 적극적으로 보증하는 작용과는 완전히 다른 작용이어야 한다. 그것은 생식으로부터 완전히 자립한 전염의 본질적 신체를 아프리오리하게 정립하는 것이다. 들뢰즈/가타리는 감염에 관해 다음과 같이 주장한다. 생식에 의한 계통적 발생과 전염병에 의한 군생화의 차이는 "감염성이나 전염병이 완전히 이질적인 복수의 항을, 예컨대 한 사람의 인간, 한 마리의 동물과 하나의 세균, 하나의 바이러스, 한 개의 분자, 하나의 미생물을 동원하는 데 있다". 예컨대 동물로의 생성변화는 동물을 사랑하기 때문에 동물의 기분을 알거나 동물의 동작을 흉내 내어 동물처럼 될 수 있다는 것이 아니다 —— 차라리 "**개나 고양이를 사랑하는 자들은 모두 바보다**".[30] 이러한 자들은 틀림없이 인간을 단순한 도덕적 동물로

---

30) Cf. *MP*, p. 294 / p. 278 [『천 개의 고원』, 457쪽].

여기는 데 만족하지 않고 동물을 인간화하여 도덕존재를 증대시키려고 한다. 이 이상 개체적이고 특이한 본질로부터 완전히 추상화된 도덕적 존재자의 수를 오로지 생식에 의해 늘려서 어찌 하겠다는 것인가. 내가 한 마리의 개나 고양이와 무리를 이루는 것, 그것은 인간과 개 사이에서 다른 존재의 방식, 동사로서의 다른 술어를 획득하는 것이며, 혹은 어느 특정한 기존의 동사를 전혀 다른 비물체적인 의미로 변형시켜가는 것이다. 이것이 동물로 생성변화하는 것이다.

'집합'(집회, 회합, 집합론 등)과 '무리'(집단, 결사, 다양체 등)는 존재의 방식이 서로 다르다. 집합은 유사한 항과 그것들 간에 설정 가능한 등가적이고 불변적인 관계들을 전제로 하지만, 무리는 집합에 대해 '그 이전'과 '그 이후'를, 즉 공역共役 불가능한 집합 이전과 집합 이후를 만들어낼 힘을 지닌다. 여기서 말하는 '그'란 사건에 고유한 절대적인 '사이'이다. 즉 무리란 생성변화의 다발이라는 것이다. 요컨대 전염에 의해 형성되는 무리란 복수의 항 사이에서의, 그 항들 자신의 생성변화라는 것이다. 들뢰즈/가타리는 다양한 생성변화가 생기하는 이 절대적인 '사이'를 세 가지로 구분한다. 하나는 '동물로의 생성변화'[동물-되기]인데 이것은 그 중간지대에 존재하고, 이 바로 앞에는 '여자로의 생성변화'[여자-되기]와 '아이로의 생성변화' [아이-되기]가 있으며, 또한 중간지대를 향하는 쪽에는 미생물, 바이러스, 세포, 원소, 분자, 지각할 수 없는 것으로의 미세한 생성변화가 존재한다. 이 생성변화들은 첫째로는 그 자체가 우리를 저 나쁜 관계

=비로부터 일탈시키는 한에서 비로소 실재적인 것이 되는 '사이' 개념으로서 긍정된다. 그리고 결코 잊어서는 안 될 두 번째 점은 가장 적극적인 의미에서의 생성변화는 탈기관체에서 생기는 실재적 사건이라는 것, 모든 생성변화는 탈기관체로 낙하하는 한에서 그 고유한 강도적 수준(예컨대 양태적 구별)을 갖는다는 것이다. 그래서 가장 중요한 문제가 다음과 같이 제기된다. 이러한 복수의 생성변화 가운데 탈기관체를 투여하고 거기로의 낙하·소멸을 '죽음의 생성'으로서 의식하게 하는 생성변화가 있다면, 그것은 어떠한 유일한 생성변화일까?

인간 본성과 결별하는 것, 그것은 생식에 얽힌 수유의 체제 안에 완전히 이질적인 감염요소를 삽입하고 그 부분들을 변질시키는 것이며, 또한 그 변질의 전염을 가속시켜 살의 분신으로서의 감정들로 이루어진 정욕적情欲的 체제로부터 결별하는 것이다. 그러나 아르토는 이러한 결별을 위해 다른 이질적인, 양태적으로 구별되는 여러 항, 여성, 아이, 동물, 미생물 등을 동원하지는 않는다. 그러한 항들의 '사이'에서의 생성변화 없이 그는 생성변화하는 것이다. 그렇다면 그는 무엇으로 생성변화하는가. 한마디로 말해서 그는 자기의 분신으로 생성변화한다. 분신으로의 생성변화는 의태를 낳는데, 구체적으로 이는 무수한 자화상이 되어 실현된다. 그렇지만 이 사례에서 중요한 점은 아르토는 그 존재상의 무능력 때문에 결코 자기의 본질을 떼어놓지 않고, 또한 이 본질과 그 존재의 종합인 자기의 본성에 대한 작용을 결코 **멈추지 않는다**는 것이다 —— 이 두 가지 부정은 실재적인 '결여 없는 무능력'으로의 생성변화를 보여준다. 이것이 그의 생성변화의 참다운 양상이다. 그것은 탈기관체상에서의 '죽음의 생성'에 필연적으로 제한된 하나의 삶(=존재의 방식)을 의식하는 한에서만 가질 수 있는 내재적 양상이다. 아르토는 종이와 연필이라는 항 사이에서 이러한 지각할 수 없는 포옹과 계속의 아귀로 생성변화한다. 가장 지각할 수 없는 것, 그것은 운동보다도 본질의 변형일 것이다.

한편 공포연극이 테러리즘에 대응하고 또 그런 한에서 특정한 장소의 극장화劇場化와 불가분하다면, 잔혹연극은 헤테로리즘을 실재적으로 정의하는 힘을 갖지만 그 자체는 상연 불가능한 것이다. 파괴행위의 현장은 신체의 현실존재가 공포와 촌단寸斷에 의해 변양하는 장소이기도 하다. 그것은 무차별이라는 개념을 늘 상기시킨다는 의미에서의 하나의 '경계 없는 극장'과 같지만, 그럼에도 이러한 행위나 장소가 관상觀想과 연동된 극장의 철학을 유발하는 데는 변함없다. 데리다는 "잔혹연극이란 상연하는 것이 아니다"라고 말한다.[31] 확실히 그럴지도 모르지만, 그 이상으로 중요한 것은 아르토가 말하는 '본질의 드라마'가 이 잔혹연극과 어떻게 관계되는가 하는 것

---

31) Cf. J. Derrida, "Le théâtre de la cruauté et la clôture de la représentation", *L'écriture et la différence*, p. 343 / 「残酷劇と上演の封鎖」, 若桑毅 訳, 『エクリチュールと差異(下)』, p. 124 [『글쓰기와 차이』, 369쪽].

이다. 본질의 드라마는 감염에 의해 비로소 실재하는 것이 된다. 그것은 본질에서 실존을 향하는, 이야기성을 완전히 불식하지 못하는 '[이미] 이루어진 이야기'에 의해 말해지는 것이 아니라, 존재의 방식에 의해 본질을 변형하려는 그 '실험-본질적 교반攪拌'에 의해, 즉 무능력으로서 정신의 '곤란'과 본질의 변형으로서 신체의 '분신'에 의해 실현되는 것이다.[32] 언젠가 아르토=아귀(모모mômo)의 이러한 참다운 '체험-실험'담을 들어보지 않겠는가. 그 아르토=아귀는 그의 아들이며 아버지이며 어머니이며 그 자신이지만, 그 이상으로 저 살아 있는 사자死者, 미라momie이며 파쇄되고 찢긴 차이에 관해서만 말해지는 동일한 것même이며 오리지널과 카피 사이에 있는 신성한 아르케를 부수는 의태의 신체mime이다. 아르토=아귀는 감염된다. 특히 그것은 비물체적인 것에 대들고 감염되는 것이다. 다음으로 그것은 'm'의 전염병에 의해 증가한다. 아르토=아귀는 인간이나 동물, 미생물이나 바이러스를 동원하지 않는다. 그는 분신을 동적으로 발생시키기 위해 자기 정신의 무능력과 자기 신체의 피와 뼈를 초월적으로 행사할 뿐이다. 이에 따라 아르토의 생성변화는 사자나 대지나 하늘에, 그리고 비물체적인 개념이나 사건에 감염되는 것이다.

---

32) Cf. A. Artaud, *Le Théâtre et son Double*, in *Œuvres*, pp. 533~535 / 『アントナン・アルトー著作集 I. 演劇とその分身』, pp. 80~84.

4) 결여 없는 무능력에 관하여

유일한 생성변화가 있다. 그것은 결여 없는 무능력의 생성변화이며 하나의 사유상 구별(존재와 본질의 구별)에 관한 생성변화인 이상, 유일한 생성변화이다. 거기에는 존재론상의 생성변화에 관한 다양한 마이너리티 리포트의 흔적은 전혀 없고 다만 자기의 분신으로의 생성변화라는 신체의 본질에 대한 유일한 능동적이고 직접적인 '실천-체험'담이 있을 뿐이다. 스피노자는 무능력을 다음과 같이 명확히 정의한다. "무능력이란 인간이 자기 외부의 사물에 이끌리는 것을 허용하고, 또한 그 자신 안에서만 생각된 그 자신의 본성이 요구하는 사항이 아니라 외부 사물의 일반적 상태가 요구하는 사항을 행하도록 그 사물들로부터 결정되는 것에만 존재한다."[33] 수동적인 것이 무능력의 징표라고 스피노자는 생각한다. 따라서 공포는 부정이나 결여로 구성된 정신의 무능력으로부터 태어나는 것이다. 테러는 그 근저에 극복되어야 할 수동적인 감정, 행위, 집단, 이론, 지성을 가지고 있다.[34] 그것은 모든 인간이 갖고 있는 수동성의 체제로부터 생

---

33) 스피노자, 『에티카』, 4부, 정리 37, 주석 1.

34) チャールズ・タウンゼンド, 『テロリズム』, 宮坂直史 訳, 岩波書店, 2003, pp. 4, 19 [찰스 타운센드, 『테러리즘, 누군가의 해방 투쟁』, 심승우 옮김, 한겨레출판, 2010. 12, 31쪽] 참조. "타운센드는 전쟁과의 차이를 드러내고 테러리즘이 가지는 정치성, 목적성을 중시하며 테러리즘에는 일종의 철학이 필요하다고 한다."(같은 책에 첨부된 역자 미야사카宮坂 씨의 「해설」,

겨난 것 중 하나이다. 마찬가지로 비록 일시적인 마주침의 기쁨일지라도, 아니면 오히려 일시적이기 때문에 그 수동적 기쁨의 조직화를 철저하게 추구하고 실현해온 근대사회도 동일한 수동성의 체제로 이루어져 있다. 그러므로 기쁨의 조직화, 그 수동적 종합은 놀람과 공포(그리고 희망)의 정념적 체제를 결코 배제하지 않는다. 지복이라는 영원한 능동적 감정에 이르러도 그것은 공포와 희망에 의해 고정된 수육의 체제를 결코 배제하지 않으며 가령 대립할지라도 이 지속의 세계와 단지 공존할 뿐이다. 그러나 신체의 본질과 이 본질에 관계하는 정신의 결여 없는 실재적 무능력만이 이 수동성을 배제하고 본질의 변형 드라마로서 산혹연극을 전개하는 것이다.

무능력에는 능력의 독자적인 능동적 행사가 준비되어 있다. 무능력이란 꼭 모든 활동하는 역능이 결여되어 있는 상태를 나타내는 것은 아니다. 존재에서의 무능력은 다른 실재성에 대한 최대의 역능을 발휘하게 될지도 모른다. 무능력은 그 존재의 불가능성에 접합으로써 유일한 필연, 유일한 생성변화를 선택하는 것이다. 왜 필연인가. 그것은 본질로부터 분리된 존재를 똥이라 칭하고 그 사물의 본성에만 관계하려고 하기 때문이다. 하지만 이는 공포보다도 잔혹을, 지복보다도 외침을 택하는 것이다. 잔혹은 이러한 무능력을 오히려 능

---

p.184) 바로 그 목적론적인 정치성에서 테러리스트에게 필요해지는 철학은 존재론적인 '극장의 철학'일 것이다.

력이라는 주박으로부터, 혹은 존재 아래에서 그 유효성이 발휘될 뿐인 인간의 힘으로서의 사유로부터, 혹은 놀람에 의해 고정되고 공포(와 희망)에 의해 지배된 수동성의 체제로부터 해방되는 것이다. 분명 공통개념의 형성은 하나의 '죽음의 연습'이다. 그러나 그것은 자기 안에서 죽음을 부여하는 것이며 타자살해, 이타利他살해의 연습이다. 타자-구조, 타자-욕망을 어떻게 살해하고 무화無化할까 하는 연습이다. 공통개념의 형성의 질서에는 이러한 가능한 것의 살해 과정이 그 속에 숨겨져 있다. 바꿔 말하면 새로운 실천철학에는 모든 가능성을 소진하기, 가능한 것, '타자-구조'를 불가능하게 하기, 특히 타자의 언어, 말의 언어를 죽이기, 타자의 이야기와 연을 끊기(혹은 '명작과 연을 끊기'), 요컨대 우리 자신이 현존하는 세계와 연을 끊기가 포함되어 있는 것이다.

아르토가 말하듯 신체의 출구에서 유기체를 절단한다면 공통개념의 이 어두운 측면은 유기적 사유(공통감각과 양-식, 용어와 논리, 의견 등으로 이루어지는 사유 일반)에 대해 사형 판결을, 즉 그 비물체적 변형을 선고할 것이다. 이 언표는 감염되어간다. 이 사형선고, 신체의 비물체적 변형은 이제 옛날 신전 근처의 채색된 주랑柱廊(스토아 포이킬레)에서 이루어지는 것이 아니라, 모든 큰길에서, 지하통로에서, 산의 오솔길에서, 정신병원이나 대학의 복도에서, 특히 이름 없는 모든 길에서 이루어지는 것이다. 그것은 분절언어에 의해서가 아니라 외침을 동반한 숨에 의해, 그리고 그 숨에서 다른 숨으로 신체가 변동함으로써 군생화하는 것이다. 이로부터 왜 유기체가 탈기관체의 적인지 알 수 있을 것이다. 기관이 유기체의 부분들이기 때문이 아니다. 유기체가 기관을 통해 항상 존재로 일관한 최선의 사항을 바라기 때문이다. 그것은 최선의 시나리오라는 인간적인 의미이다. 기관에는 이러한 타자의 욕망, 스토리가 흘러넘치고, 유기체는 타자가 부착된 기관들의 긍정적 현재이기 때문이다. 그래서 아르토는 신음하듯 발한다. "먹을 수 없으려면 순결해야 한다 / 입을 벌리는 것, 그것은 독기에 몸을 노출하는 것이다 / 그러니 입은 필요 없다! / 입 없이 / 혀 없이 / 이 없이 / 목구멍 없이 / 식도 없이 / 위 없이 / 장 없이 / 항문 없이 / 나는 현존하는 나라는 인간을 재구성할 것이다."[35] 그것은 바로 탈기관체 아래서의 인간의 재구성, 분신의 형성이다. 탈기관체와의 사이에 분신론을 형성하는 것은 이미지 없는 사유와 신체의 본질을 변형하는 신체의 존재뿐이다. 기관들이 없다면 그에 대응한 관념이나 이미지도 마찬가지로 배제되고 소멸되어야 할 것이다. 아르토는 바로 다른 신체를 형성의 무시원적無始原的 질서에 따라, 그러나 무능력의 사유와 잔혹이라는 정동 아래에서 이야기하고 있는 것이다.

---

35) A. Artaud, "J'étais vivant…"(novembre 1947), Œuvres, p. 1581. 예컨대 유기체의 혀(혹은 언어)는 신체의 갖가지 출구에서 절단해버리는 것이다(Cf. A. Artaud, "Le théâtre de la cruauté", Œuvres, p. 1660 / 「残酷劇」,『神の裁きと訣別するため』, p. 65).

스피노자의 철학과 관련되고 또한 그것을 뛰어넘는 한에서 발견되는 '아르토 문제'라는 것이 분명 존재한다. 이는 또한 '아르토 상태'까지도 상대화하는 문제이다. 아르토는 변증법이나 논리학에 맞서 사유 속에서 '사유될 수밖에 없는 것'을 낳는 생식성을 획득했을 뿐만 아니라, 생물학이나 유전학에 맞서 인간 신체의 본질에 전염되어 그것을 변형하는 전염병을 그 존재의 방식 속에 가져온 것이다. 이 생식성에서 감염성으로의 변이는 사유의 죽음과 재생의 문제에서 신체의 불사와 분신의 문제로 심화되며, 이에 따라 진정 하나의 전염병을 존재에서 본질로 이끈 것이다(굳이 말하자면 유전에 대치되는 전염은 특히 아프리오리한 본질의 변형에, 유성생식에 대치되는 전염병은 특히 신체의 존재 방식에, 생식성에 대치되는 감염성은 모든 가치의 가치전환과 관련된다). '무능력'의 공통개념은 공포와 관련되는 원근법과는 전혀 다른 죽음의 원근법을 우리에게 부여할 것이다. 그때 모든 것이 낙하하여 '죽음의 생성'에 이르는 듯이 느껴지고, 또한 사물의 본성은 모두 낙하에 있다고 인식될 것이다. 사유의 불가능성 속에서의 사유는 더 이상 표상상이나 관념이나 논리에 의해 나아가는 것이 전혀 불가능한 상태에 있다. 더 이상 감성도 상상력도 지성에 사유 가능한 직관이나 이미지를 부여하지 않으며, 기억은 상기하기를 멈추고 지성은 일반적 사유 속에서조차도, 즉 분변성糞便性 가득한 타자의 이미지에 의해서조차도 더 이상 사유할 수 없는 것이다. 중요한 것은 존재에 유능한 정신과 신체가 아니라, 존재에 대해 무능하

기에 인간의 본질을 변형할 수밖에 없는 정신과 신체를 낳는 것 ──
즉 이 무능력이라는 전염병이다. 사유는 사유의 무능력에 의해 경험
적 사유 아래에서 사유 가능적으로 고찰된 양태적 구별과 사유상의
구별로부터 분리되기 때문에, 오히려 사유될 수밖에 없는 사유의 구
별 자체를 그 대상으로 하는 것이다. 유일한 생성변화, 그것은 단순
한 사유의 구별, 그러나 경험적이지 않고 완전히 초월적으로 행사된
한에서의 사유의 구별에서의 생성변화, '분신-되기'이다. 이러한 초
월적 사유의 구별이란 스피노자에게서처럼 실체에 관한 그 본질과
존재의 구별 즉 사유의 구별이 아니라, 또한 양태에 관한 그 본질과
존재의 구별 즉 외재적 구별 혹은 양태적 구별이 아니라, 어디까지나
양태에 관한 '존재의 방식'과 '본질의 변형'의 구별(주의하기 바란다.
이는 결코 '존재의 유有'와 '본질의 유'의 구별이 아니다.[36] 따라서 양태적
구별이 아니다)이다. 그러나 역설적이긴 하지만 **양태에서의 자기원인**
으로서, 즉 **재생성**再生性**-자기감염**으로서 그 존재의 방식이 본질의 변
형을 포함하는 한에서의 사유의 구별이다. 다만 이 사유의 구별이라
는 '사이'에서 생겨나는 생성변화 그 자체는 완전히 실재적이다.

---

36) スピノザ, 『形而上学的思想』, 畠中尚志 訳, 『デカルトの哲学原理』, 岩波書店, 第一部, 第二
章, p. 168 [스피노자, 『데카르트의 철학의 원리』, 강영계 옮김, 서광사, 2016, 206~207쪽] 참조.

앙토냉 아르토, 「참다운 신체의 투사」

5. 불사의 경험론

1) 욕망하는 병행론·분신론(그 세 번째 규정)

경험주의적 병행론 즉 분신론에서 비판의 문제에 관계되는 두 가지 규정을 논의했는데, 마지막 규정을 여기서 생각하기로 한다. 즉 세 번째로 신체의 탈-유기체화라는 형성의 차원 아래서만 사유되는 임상의 문제(환언하면 '강도의 차이'의 본성)를 문제제기해야 한다. 여기서 병행론은 완전한 분신론이 된다. 혹은 병행론은 분신론의 한 결과에 불과하다고까지 할 수 있을 것이다. "우리는 이 삶에서 특히 유아기의 신체를 그 본성이 허락하는 한, 또한 그 본성에 도움이 되는 한, 가장 많은 것에 유능한 **다른 신체로**, 그리고 자기와 신과 사물에 관해 가장 많은 것을 의식하는 정신에 관계하는 **다른 신체로 변화시키려** 노력한다."[1] 여기에는 어떤 특정한 기관들로 구성된 유기적 신체에서

---

1) 스피노자, 『에티카』, 5부, 정리 39, 주석. 인용자 강조.

'다른 신체' ──즉 유일한 다른 신체, 탈기관체 ──로의 변질·변신의 문제가 있다(나는 '유일한'이라 말한다. 왜냐하면 여기서는 예컨대 병자가 바라고 이행하려 노력하는 다른 신체, 건강한 신체가 문제가 되는 것이 아니기 때문이다). 혹은 현실적 현재의 상으로 본 유기적 신체의 존재에서, 영원의 상 아래에서 본 비유기적 신체의 본질로의, 즉 기관을 갖지 않는 신체로의 변화·형성의 문제가 제기된다. 하지만 그것은 유아기의 취약한 신체에서, 이미 그 본성을 떨쳐버리듯 잊고 거울에 비치는 기관들의 총체로서 우리 현실의 유기적 신체로 즉 성인의 신체로 이행하는 것이 아니다. 바꿔 말하면 이는 단지 자신이 태어나기 전의 부모(=어른)의 신체를 반복하는 것이 결코 아니라는 것이다.

단적으로 말해서 '다른 신체'를 욕망하는 것은 현존하는 자기의 어른 신체의 존재 아래에서 다음과 같은 생성변화를 그 본성에 있어서 일으키는 것이다 ──즉 (뒤에서 기술하겠지만) 스피노자적인 의미에서 **이미 죽은** 자신의 유아기 신체를, "그 본성이 허락하는 한, 또한 그 본성에 도움이 되는 한" 병행론에서의 그 결의=결정이 모두 강도로서 생겨나는 탈기관체로, 거울단계를 갖지 않는 실재적 신체로, 거울에 비치지 않지만 충실한 어떤 신체로 생성변화시키는 것이다. 이것이야말로 분신론을 형성하는 욕망의 에티카이다. 여기서 신체의 본성은 한편으로 강도에 의해 채워지고 다른 한편으로는 그 강도의 소멸에 의해 투여된다. 다만 주의할 필요가 있을 것이다. 이 변화는 스피노자가 말하듯 어떤 본질 혹은 형상(예컨대 말馬)을 다른 본질 혹은 형상(예컨대 인간 혹은 곤충)으로 변화시키는 것이 아니라, 어떤 신체의 본질의 실재적인 비물체적 변형 혹은 그 '형상의 강도'의 문제이며, 결국 그 본성과 하나가 된 양상의 문제 즉 필연성의 문제이다.[2] 이것은 형성의 질서에서 비판의 수준과 완전히 병행을 이루고, 스피노자에게 고유한 임상의 문제로서 규정할 수 있다.

그런데 일반적으로 스피노자는 아이 시절을 부정적으로만 파악한다고 이해되고 있다. 『에티카』에 자주 등장하는 아이 시절은 대부분 부정적 평가와 함께만 화제가 된다. 아이 시절의 인간은 무력하고 허약하기 때문에 타자라는 외부의 원인에 완전히 의존하지 않고서는 자기를 유지할 수 없는 약체의 존재자이며, 그러므로 자신이 행할 수 있는 것으로부터 완전히 분리된 상태, '하나의 불완전한 상태'를 보여주고 있다고. 따라서 중요한 것은 완전한 종속상태인 이러한 아이 시대를 극복하고 인간의 보다 유능한 형태, 즉 성인 혹은 어른이 되는 것이라고 사람은 생각하게 될 것이다. 이 '어른이 되는 것'에 관해 피에르 마슈레는 다음과 같이 기술했다. "'어른이 되는 것', 그것은 분명 신체로부터 해방되는 것이 아니라, 신체의 결함 및 취약과 이어진 예속상태로부터 해방되는 것이다. 이 해방은 정신의 예속상태에도 동시에 생기해야 하며, 정신은 자신 안에 있는 활동하는 소

---

2) 들뢰즈/가타리가 주의 깊게 쓴 「생성변화에 고유한 실재성의 원리」를 참조하라(*MP*, p. 291 / pp. 274~275 [『천 개의 고원』, 452~453쪽]).

질들, 즉 자기와 신과 사물을 사유하고 인식하고 이해하는 그 소질들을 전개하는 것이다."[3] 분명 그럴지도 모른다. 그러나 '어른이 되는 것'이란 일반적으로는 단지 그때그때의 습관이나 사회에 더 많이 적용 가능한 인간이 된다는 것을 반드시 함의한다. 왜냐하면 그런 한에서 사람은 "가장 많은 것에 유능한" 신체와 이에 관계되는 정신에 더 가까이 근접할 수 있기 때문이다. 하지만 그렇게 되면 여기서 말하는 "가장 많은 것에 유능한" 인간이란 예컨대 좋은 남편, 좋은 아버지, 좋은 노동자, 좋은 이웃…, 최고의 축구선수, 최고의 빅리거이자 올림픽 경기의 모든 종목에서 금메달을 따고, 모든 학문 영역에서 새로운 발견을 하며, 위대한 정치가이고, 대예술가이며… 라는 한 사람의 전능한 인간을 생각하게 된다. 곧 알게 되겠지만 이는 완전한 유비이다. 이는 바로 신의 속성을, 전지전능, 최고선이고 무한지성과 무한의지를 가지며 무한 그 자체이므로 영원·불변하며… 라는 특성으로 형용하는 것 —예컨대 데카르트가 말하는 "무한히 완전한"— 과 완전히 동일한 사항을 보여주고 있기 때문이다. 요컨대 그것은 신학적 유비를 인간에게 재-적용하는 것일 뿐이다. 그러나 "가장 많은 것에 유능한"이라는 표현은 오히려 이러한 유비나 다의성뿐만 아니라

---

3) Pierre Macherey, *Introduction à l'Éthique de Spinoza—La cinquième partie: les voies de la libération*, PUF, 1994, p. 184, n. 1. "스피노자에게 아이 시절은 결함에 의해서만, 혹은 일종의 필요악으로서만 특징지어질 수 있는 하나의 불완전한 상태이다." (*Ibid.*, p. 71, n. 2)

이것들의 사유와 분명히 켤레관계에 있는 '우월성'의 개념을 배제하는 것이어야 한다.

　따라서 스피노자에게 '보다 많은 것'에 혹은 '가장 많은 것'에 유능한 신체라는 사항이 의미하는 것은 구체적으로는 오히려 다음과 같은 것이다. 첫째로는 교회적 인간의 신체에 대해, 혹은 일반적으로 어떤 한정된 토지에 사로잡힌 인간의 신체에 대해 그로부터 출발하여 그 외부에서만 획득될 수 있는 얼마간의 술어=동사(여기에는 유대교의 의식이나 계율을 어김으로써만 획득되는 술어=동사도 포함된다)로 표현되는 현실적인 부분들로부터 그 신체의 존재가 보다 많이 구성된다는 것이다. 그리고 둘째로는 일상 속에서 이미 획득된 다른 많은 술어=동사(배설하다, 식사하다, 감정에 따라 움직이다, 자다 등)를 폄하하거나 그것들에 다른 규범적이고 의례적인 의미를 부가하거나 하여 어떤 특정한 술어=동사(의식이나 계율의 수행이나 준수에 관련되는 모든 행위)에 현격한 우월성을 두는, 바로 다의성의 정신으로부터 그 신체의 존재를 해방함으로써, 즉 모든 술어=동사의 차이를 긍정하고 그것에 관해 존재의 일의적 이해를 획득함으로써 가령 외부로 혹은 다른 토지로 나가지 않아도, 즉 술어=동사의 수를 늘리지 않아도 신체는 그 내부에서, 그 장소에서 보다 유능한 신체를 획득할 수 있다는 것이다. 이처럼 보다 유능한 신체의 존재를 실현하려면 일의성적 존재라는 개념이 불가결하다. 하지만 이것만으로 만족해서는 안 된다. 왜냐하면 이러한 유능함에 관해 신체의 본질이 문제화되지 않고 남겨진 채로 있기 때문이다. 스피노자에게서의 "가장 많은 것에 유능한 '다른 신체'"란 단지 아이 시절을 '필요악'으로밖에 생각하지 않는 변증법 사유로는 결코 달성될 수 없는 사항을 전제로 하고 있지 않을까? 이 신체의 '유능함'은 사실 유아기 신체의 본성을 긍정하는 한에서만 나오는 것이다. 그러나 '다른 신체로의 변화'라는 실질적 내용 없이 일단 스피노자처럼 명목적으로 말해버리면 "가장 많은 것에 유능한 '다른 신체'"란 바로 영원의 상 아래에서 **고찰된** 신체의 본질이다.[4)]

  스피노자는 결코 유아기 혹은 아이 시절을 전면적으로 부정하는 것이 아니다. 오히려 3종 인식이라는 『에티카』의 가장 중요한 논점에서 스피노자는 유아기 신체의 본성을 완전히 긍정한다. 유아기 신체를 다른 신체로 변화시키려고 노력할 때에 명시된 조건을 다시 한 번 생각해보자. 그것은 "그 [유아기 신체의] 본성이 허락하는 한, 또는 그 [유아기 신체의] 본성에 도움이 되는 한"이라는 것이었다. 바꿔 말해서 유아기 신체를 다른 신체로 변화시키는 경우에 그 유아기 신체의 본성을 파괴하거나 그 신체의 본성에 전혀 도움이 되지 못했다면 이 다른 신체로의 변화는 그 의미를 완전히 잃게 된다는 것이다. 그런 한에서 여기서는 오히려 '아이-되기'가 문제로 제기되어 있

---

4) 스피노자, 『에티카』, 5부, 정리 29 참조.

다고 해야 한다. 아이 시절은 외부의 원인에 가장 많이 의존하는 신체를 갖지만, 그 무능력성은 단지 지속존재에 대한 결함과 취약함이며, 예컨대 감각의 방식에 관한 무능함이나 결함이 아닐 것이다. 요컨대 중요한 것은 유아기 신체의 존재는 그 무능력 때문에 신체 안에 명확한 표상상을 만들지 않으므로 자기의 본성의 능력을 초과한 수의 자극도 결코 받지 않는다는 것, 따라서 병행론의 관점에서 말하면 이 시기의 정신도 비슷한 결함 및 취약과 이어진 예속상태에 있는 이상, 그 신체는 정신이 형성하는 여러 개념 없이 자기에게 감각될 수밖에 없는 것을 감각할 뿐이며, 또한 그 감각들로부터 일반개념이 결코 만들어지지도 않는다는 것이다 ── 이 두 가지 부정은 반대로 유아기 신체 자체가 하나의 실재적인 '결여 없는 무능력'이라는 것을 우리에게 이해시킨다. 이러한 유아기 신체의 본성이 어른 신체의 존재의 안쪽에서 발동함으로써 비로소 공통개념의 형성의 질서는 직관지까지의 그 실질적인 병행론을 손에 넣게 되는 것이다. 스피노자는 유아기 혹은 아이 시절의 신체의 본성을 부정하고 그것을 극복해 가는 형태로 형성되는 '어른-되기'와 같은 것은 전혀 주장하지 않았다. '어른-되기'를 긍정하면 "가장 많은 것에 유능한 다른 신체"는 완전히 유비에 의한 산물로 빠져들 것이다. 그렇게 되면 유아 같은 어른, 아이 시절을 완전히 잊어버린 우둔한 어른, 다수자를 지지하는 어른밖에 생각할 수 없고, 기껏해야 성숙한 아이를 긍정하는 정도일 것이다. 그런데 이러한 신체의 본질에 관해 말해져야 할 신체의 불사성 혹은 영원성 — 다만 영혼에 관해서만 말해지는 전통적인 불사성의 개념에 저항하면서 — 을 파악하기 위해서는 무엇보다 먼저 죽음을 다시 생각할 필요가 있을 것이다.

2) 죽음이 나누는 것 — 드라마화의 선

사체는 실로 많은 것을 우리에게 이야기한다. 우리에게 삶을 둘러싼 드라마가 있는 것과 마찬가지로 죽음도 하나의 드라마로서 파악해야 할 것이다. 삶과 마찬가지로 죽음에는 분명 시작이 있고 그 중간이 있으며 이 과정의 마지막도 존재한다. 그 죽음이 자연사든 변사든 사체에는 늘 신체가 그 기능이나 작용을 정지했을 때의 원인이나 과정이 극명히 기록되고 새겨져 있다고 이야기될지도 모른다. 하지만 이는 죽음이 하나의 사건이며 다른 한편으로 사체는 물체로서의 신체의 변화라고 하는 단순한 구별이 아니다. 전달되는 것의 차이에 따른 구별이 거기에 있지 않을까, 사체는 죽음에 의해 그 삶의 동일성 혹은 완결성을 전달하지만 죽음은 도리어 신체의 불사를 전하지 않을까, 어떤 변화로서의 죽음은 신체의 불사와 관련되고 삶의 동일성을 보여주는 일반적인 죽음은 신체의 최후를 사체로 간주하지 않을까 하는 것이다. 그렇다면 신체의 불사를 전달하는 죽음이란 어떠한 죽음일까.

스피노자에게 죽음의 관념은 결정적으로 뒤틀려 있다. 스피노자는 죽음을 왜곡하는 자이다. 신체의 죽음은 먼저 다음과 같이 파악된다. "나는 신체의 부분들이 서로 다른 운동과 정지의 비율=비를 서로 취하도록 신체가 놓인 경우에 신체를 죽은 것으로 이해한다. 즉 혈액의 순환이나 그 밖에 신체가 살아 있다고 인정되는 특징들이 유지되어 있는 경우라도 인간의 신체가 그 본성과 전혀 다른 본성으로 변화할 수 있다는 것을 나는 구태여 부정하지 않는다. 왜냐하면 인간의 신체가 사체로 변화하는 경우에 한해 신체의 죽음을 인정해야 하는 어떤 이유도 없기 때문이다. 오히려 경험 그 자체는 그 반대의 것을 가르쳐주는 것처럼 보인다. 인간에게는 거의 동일한 사람이라고 말할 수 없을 정도로 큰 변화가 생기는 일이 자주 일어나기 때문이다."[5] 스피노자의 철학에서 인간의 동일성은 그 신체가 죽는 순간까지 지속된다고는 생각할 수 없다. 인간에 관해 말해져야 할 동일성의 파괴는 그 신체의 죽음 즉 그 개체의 사멸에 의해 도래하기 이전에도 그 신체에 생기하는 사건인 것이다. 존재하는 개체 혹은 양태는 그 외연적 부분들에 의해 끊임없이 다른 개체 혹은 양태의 존재와의 촉발관계(신체의 혼합, 가입성 등) 아래에 있다. 그러므로 어떤 특정한 운동과 정지의 비율=비를 구현하는 외연적 부분들은 항상 외부의 물체와의 접촉에 의해 파괴될 가능성이 있는데, 실제로 어떤 부분

---

5) 스피노자, 『에티카』, 4부, 정리 39, 주석.

이 파괴된 개체 혹은 양태는 그 활동능력이 정지되고 그 결과로서 죽음에 이를 수도 있을 것이다. 그렇다기보다도 보통 이야기되듯이, 죽음은 이러한 방식으로만 즉 오로지 외부로부터만 우리의 신체에 도래한다. 외부의 원인에 의해 태어난 것은 반드시 외부의 원인에 의해 죽음을 맞이하는 것이다. 존재함으로써만 맛볼 수 있는 기쁨을 적극적으로 조직화하려고 한다면 그와 동시에 존재함으로써만 도래하는 슬픔도 불가피하게 받아들여야 할 것이다.

스피노자는 단지 죽음과 다름없는 슬픔이 항상 삶에 생길 가능성이 있다는 당연한 것을 말했을 뿐일까. 그렇지 않을 것이다. 여기서는 오히려 양태의 새로운 변형·형성의 장이, 혹은 그 **분신의 실재적 가능성**이 확보되어 있다(즉 이러한 『에티카』 4부 정리 39의 죽음에 관한 주석은 5부 정리 39의 주석에서 '다른 신체'로 변화하려는 노력이라고 주장하는 내용의 실재적 가능성을 확보하기 위한 것이다). 신체가 '사체'cadaver로 변화하는 것만을 죽음이라 생각하는 것이 아니라, 동일한 개체성을 유지하면서도 전혀 다른 본성으로 변화하는 것도 '죽음'으로서 파악하는 것, 그것은 다시 말해 본질의 직관지로서의 3종 인식에 달하려면 **설령 죽었을지라도** 자기의 유아기 신체의 본성이 필요하며 그런 한에서 아이 시절의 상태를 필연적인 것으로 간주한다는 것과 관련되어 있다. 두 가지 수준을 구별해두자. (1) 인간의 신체가 사체로 변화하는 경우와는 다른, 사체가 되기 이전의 신체의 죽음을 하나의 실재적인 가능성으로서 긍정하는 것. 따라서 사체가 되기 전의 인간 신체의 죽음은 우리에게 하나의 불사의 경험을, 혹은 생사횡단적인trans-vie-mort 위상을 보여준다는 것. (2) 무능력한 유아기 신체의 본성을 긍정함으로써만 다른 신체로의 변화가 실재성을 가진 사항으로서 파악된다는 것.

스피노자는 앞의 인용문에 이어서 동일한 인물이라고 생각되지 않을 정도로 큰 변화를 겪은 예로서 시인과 아이를 든다. 죽음이 의미하는 것에 관해 문제로 삼은 그 사례를 살펴보자. "어떤 스페인의 시인"(아마도 루이스 데 공고라Luis de Góngora, 1561~1627일 것이다)은 병에 걸리고 난 후 회복했지만, 과거의 기억을 잃고 이전에 자신이 쓴 작품을 자신의 것이라 결코 믿지 않았다. 그리고 만일 그가 모국어까지도 잊어버렸다면 그는 거의 "큰 아이"infans adultus로밖에는 보이지 않을 것이라고 스피노자는 말한다. 나아가 스피노자는 이러한 변화의 예를 일반화 혹은 보완하여 "나이 든 인간"의 신체의 본성은 유아기의 신체의 본성과는 다르므로, 다른 아이를 보고 자신의 아이 시절을 추찰함으로써 비로소 자신도 예전에는 아이였음을 자각할 정도라고 말한다. 참으로 흥미로운 사례이다. 게다가 이것이 살아 있는 신체가 죽은 신체로 변화하는 것과는 다른 '신체의 죽음'에 관해 말해진 사례임을 생각한다면 우리는 더욱 경탄하게 된다. 첫 번째 예는 어른의 죽음에서 큰 아이로의 변화이고, 두 번째 예는 아이 시절의 죽음에서 나이 든 인간으로의 이행이다. 하지만 여기서 스피노자가 말하려는 것은 일반적으로 신체의 동일성이나 그 삶은 인격적 동일성 혹은 기억에 의해 보증되고 표현된다는 것이 아니다. 죽음이 모든 인간에게 모든 경우에 항상 똑같이 무익하고 유해하거나, 혹은 반대로 무력이나 결함상태로부터의 해방이거나 하는 일은 없다. 즉 하이데거처럼 "죽음과 관계되는 존재"라는 의미에서의 인간 존재의 일의성에 관해 주장하는 모든 언명은 완전히 기만이라는 것이다. 동일한 인물일지라도 죽음과 다름없는, 혹은 죽음과 완전히 등가인 그 본성의 변화에 관한 실재적 가능성이 긍정되고, 나아가 그 죽음을 넘어 동일한 본성을 전면적으로 전개하기 위해 가장 많은 것에 유능한 다른 신체로의 변화 즉 분신이 주장되는 것이다.

스피노자가 든 사례는 바로 아르토가 말하는 존재의 분변성이 아니라, 현실에 "죽은 채로 살기" 혹은 "산 채로 죽기"가 선택되고 있음을 보여준다.[6] 사체, 사해死骸로의 변화는 존재하는 인간 신체의 최대의 변이인데, 사체로 변화하기 이전의 죽음과 다름없는 본성의 커다란 변화는 이를테면 그 신체의 존재 방식을 그 발생적인 요소로 하는 본성의 변화이다. 그런데도 죽음에 의해 촌단寸斷되고 그로부터 생겨난 '그 이전'과 '그 이후'의 암시된 신체의 동일성이나 그 삶은 인격적이든 비인격적이든 결국 어떤 동일한 것이나 그것에 대응한 그때의 기억에 의해 각각 나타날 것이다. 그러나 잊어서는 안 될

---

6) Cf. A. Artaud, *Pour en finir avec le jugement de Dieu*, in *Œuvres*, p. 1644 / 『神の裁きと訣別するため』, pp. 21~22.

것은 스피노자에게는 사체로 변화하기 이전에도 도래할 수 있는 죽음이라는 의미에서의 죽음의 관념이 제기되고, 또한 이러한 죽음을 통해서만 감각될 수 있는 '불사의 감각'(소극적으로 말하면 유아기 신체가 죽은 후에 현재의 어른 신체를 살고 있다는 부정적인 감각. 적극적으로 말하면 현재의 보다 유능한 어른 신체의 존재 속에서야말로 지각되는 유아기 신체의 본성의 긍정적인 감각)이, 즉 하나의 죽음을 매개로 한 불사의 경험론이 주장되고 있다는 점이다. 이는 모두 병행론에서의 임상의 문제로서 인용한 '다른 신체'로의 변신·형성에 바쳐진다. 바꿔 말해서 죽음은 이미 동일성의 자기전달이 아니라 오히려 차이의 자기표현이라는 것이다. 변형의 기억은 과잉에 혹사된 기억이며 바로 새로운 것을 낳으려는 작용원인에 관한 기억이다. 그리고 이것이 죽음을 분열증화하는 것의 단서이다. 나는 여기서 '영원'이라는 말을 쓰지 않을 것이다. 왜냐하면 실천철학으로서는 '불사'의 개념이 보다 유효하다고 생각하기 때문이다.

스피노자처럼 죽음을 파악함으로써 무엇이 실현되는가. 그것은 불사의 경험이다. 슬픔의 원인이 되는 것과의 조우를 되도록 피할 수는 있을지도 모르지만, 그럼에도 결국은 죽음을 두려워하여 마주침을 유기화하는 것, 똥을 주무르는 것과 다름없다. 인간은 죽음의 생성을 그대로 불사의 경험으로 만들 수 없다면 존재 속에서 마주침의 유기화의 경험을 뛰어넘을 수는 없을 것이다. 본성의 변화, 본질의 변형을 통해서만 전달되는 불사의 경험. 아무리 훌륭한 부모라도 가능성의 세계밖에 아이에게 제공할 수 없다면 그 아이는 반드시 그런 부모의 삶의 방식에 맞서 자기 신체의 본성이 허락하는 한, 또한 그 본성에 도움이 되는 한에서 다른 인물이나 사물 속에서 가능성과는 전혀 다른 필연성이라는 양상을 필사적으로 찾아내려 할 것이다. 그렇지 않다면 이 세계에 아이는 처음부터 존재하지 않고, 아이는 단순한 사유상의 존재에 불과하게 된다. "아이들은 스피노자주의자이다. [···] 스피노자주의란 철학자의 '아이-되기'이다."[7] 하지만 가능성을 이야기했을 때 아이는 성인을 맞이한다. 반면 어른이 그러한 가능성이라는 운명에 저항하는 방식으로 어떤 필연성을 주장하기 시작할 때, '아이-되기'가 생기하는 것이다. 아이의 본성인 잔혹성에 걸어보자. 본질의 드라마라는 사건이 현존하는 신체에 생겨나고 이 신체의 분신으로서만 **존재하지 않는 신체**를 그 본질의 변형이라는 상 아래에서 투여하기 시작하는 것이다.

3) 가짜 분신 — '흡혈귀든 인간이든'

여기서 스피노자를 이용해 석출해온 죽음의 관념은 어떤 의미에서 '비-존재'의 개념에 대응하는 것이라 할 수 있을 것이다. 죽음은 삶

---

7) *MP*, p. 313 / p. 295 [『천 개의 고원』, 485~486쪽].

의 결여가 아니며, 반대로 삶 이상으로 신성화되어야 할 것도 아니다. 즉 죽음은 삶과 마찬가지로 그것에 특이한 '비-삶'이라는 실재성을 보이고 있다는 것이다. 칸트의 '무한판단'(단 여기서는 이를 '무제한판단'이라 표현할 것이다)을 예로 생각해보자. 칸트는 부정판단과 무제한판단을 구별했다.[8] 예컨대 "영혼은 가사적可死的이다"Die Seele ist sterblich라는 명제는 긍정판단이고 "영혼은 가사적이지 않다"Die Seele ist nicht sterblich라는 명제는 부정판단이지만, "영혼은 비-가사적이다"Die Seele ist nicht-sterblich라는 명제는 이 양쪽과 구별되고 무제한판단이라 불린다. 긍정판단에서는 주어에 술어가 귀속되지만 부정판단에서 술어는 주어에 귀속되지 않는다. 그러나 무제한판단에서는 주어에 관해 특정한 술어를 부정하는 것이 아니라 어떤 '비-술어'를 긍정하는 것이다. 예컨대 무제한판단하에 "신체는 비-가사적이다"라고 했을 경우 그것은 "신체는 가사적이다"라는 것과 동일한 것을 말하고 싶은 것이 아니다. 그것은 어떤 긍정적=실정적實定的인 주장도 포함하고 있지 않으며, 단지 신체를 특정할 수 없는 공허한 영역으로 제한하고 위치짓는, 혹은 공중에 매달기 위한 언명이다.

그런데 지젝은 이로부터 무제한판단이 여는 영역은 가능적 경험의 틀에 들어가는 '현실성'reality과는 전혀 다른 가능적 경험의 균

---

8) 칸트, 『순수이성비판』, A71~73 = B97~98 참조. 우선 무제한판단은 형식적으로는 긍정판단, 내용적으로는 부정판단이라 생각해도 된다.

열이며, 괴물적인 망령이 사는 '현실적인 것'real의 영역이라고 말한다.[9] 지젝에 따르면 이 '현실적인 것'이란 칸트가 말하는 우리의 지적 직관으로서의 "비감성적 직관의 대상"(적극적인 의미에서 말해지는 가상체noumenon)이 아니라 "우리의 감성적 직관의 대상이 아니라는 한에서의 어떤 '것'"(소극적인 의미에서 말해지는 가상체)이다.[10] '현실적인 것'은 무제한판단에 의해 제한된, 감성적 직관의 대상이 될 수 없는 '것'이며 괴물이나 좀비나 흡혈귀가 잠재하는 "이상한 중간 영역"이다. 이 논점을 전개하며 지젝은 다음과 같은 흥미로운 것을 말했다. "요컨대 흡혈귀와 살아 있는 인간 간의 차이는 무제한판단과 부정판단 간의 차이이다. 죽은 인간은 살아 있는 존재자의 술어를 잃지만, 그런데도 그 혹은 그녀는 여전히 동일한 인격인 채로 있다. 비사자非死者, undead는 반대로 오직 하나, 동일한 인격이라는 것은 빼고 살아 있는 존재자의 모든 술어를 계속해서 유지한다." 그렇지만 '죽은 인간'과 '비사자'에 관해 여기서 지젝이 기술하는, 완전히 분리되어 생각된 인격과 술어의 관계란 애초에 어떤 것일까? 여기서의 술어는 실체로서의 인격을 전혀 구성하지 않고, 그것을 단

---

9) Cf. Slavoj Žižek, *Tarrying with the Negative*, Duke University Press, 1993, pp. 108~114 /『否定的なもののもとへの滞留』, 酒井隆史・田崎英明 訳, 太田出版, 1998, pp. 173~181 [슬라보예 지젝,『부정적인 것과 함께 머물기』, 이성민 옮김, 도서출판 b, 2007, 210~220쪽].

10) 칸트,『순수이성비판』, B307 참조. 인용자 강조.

지 형용할 뿐인 특성으로서만 생각할 수 있다. 또한 역으로 그 인간의 속성을 구성적으로 표현하지 않는 이러한 술어에 대해, 인격은 이미 독립·자존하는 탁월한 존재자로서 추상화되고 표상될 수밖에 없을 것이다. 인격은 단순한 실체 개념이고 술어는 우유적偶有的인 성질로서의 속성에만 대응한다. 요컨대 그것들은 우월성과 유비를 기능시키는 상징게임에서, 즉 공중에 매달린 어떤 '대상object=x'와 이를 둘러싼 다의성의 언어게임에서 계속해서 말해지는 "새로운 오리지널한 틀에 박힌 유형"밖에 구성하지 않을 것이다.[11] 결국 지젝에 따르면 무제한판단이 여는 제한공간 속에서 개인은 "참다운 괴물" true monster 또는 "살아 있는 사자"living dead ── 즉 동일한 인격이라는 것만은 빼고 살아 있었을 때의 모든 술어가 유지되어 있는 어떤 '것' ── 로 생성변화한다는 것이다.

하지만 칸트의 무제한판단에 관한 이 해석은 일종의 과잉을 포함한 것이다. 즉 삶을 혹은 죽음을 유비에 의해 과잉하게 만드는 것이다. 이러한 '현실적인 것'real을 군이 칸트 철학에 관련해 주장하고 싶은 것이라면, 그것은 현상의 영역을 연다는 의미에서의 ── 바꿔 말해서 어떤 개체에 관한 모든 성질이 긍정이냐 부정이냐는 식으

---

11) 이러한 의미에서의 Objekt(대상)와 Gegenstand(사물) 사이에 상정되는 칸트=라캉적인 차이에 관해서는 S. Žižek, *Tarrying with the Negative*, pp. 260~261, n. 44 / 『否定的なもののもとへの滯留』, p. 405 [『부정적인 것과 함께 머물기』, 215쪽] 참조.

로 배타적·택일적으로 규정된 상태를 보여주는 '범통적汎通的 규정성'을 철저하게 무너뜨린다는 의미에서의 —— '현상 그 자체'라고 해야 할 것이다. 혹은 '현실적인 것'이란, 어디까지나 이러한 현상 그 자체의 현실적인 것이라고 해야 할 것이다. 그러나 그 이상으로 문제인 것은 무제한판단은 좀비나 흡혈귀, 미라, 그 밖의 여러 '살아 있는 사자' 혹은 '비-사자'들의 생식生息 권역을 지정하는 것은 가능할지도 모르지만, 결코 그것들을 형성할 수는 없다는 것이다. 왜냐하면 거기서는 거울 이편의 죽은 인간이 그 거울의 저편에서는 '비-사자'가 되는데, 그것들은 단지 인격과 술어에 관한 유지와 상실의 역전에 의해 만들어질 뿐인 유사물이기 때문이다. 다시 말해 거울 한 개로 '흡혈귀든 인간이든'이라는 분신의 한 산출형태를 만들었을지라도 이는 단지 존재상의 분류의 차이밖에 보여주지 않는다는 것이며, 이 두 항은 존재의 방식과 본질의 변형과의 관계를 결코 밝히지 않는다는 것이다(예컨대 인간은 흡혈귀의 본질이라는, 혹은 인간의 불사의 형태는 흡혈귀라는 존재라고 하는 것을 백보 양보하여 인정해도 이러한 인간과 흡혈귀 사이에서 사람은 본질의 변형과 존재의 방식이라는 전혀 다른 것 간의, 그러나 사유상의 구별일 수밖에 없는 비대칭적 관계 —— 이는 본질에서 존재로의 전염, 즉 현실적인 '방식'에서의 실현관계와, 존재의 방식에서 본질로의 전염병의 감염, 즉 잠재적인 '변형'의 반-효과화 관계로 이루어진다 —— 를 결코 개념화할 수 없을 것이다). '비-사자'란 구체적으로는 술어로서 계사繫辭나 속사屬辭로는 결코 환원되지 않는 미지의 어떤 새로운 속성=동사를 획득하는 것, 혹은 기존의 속성=동사가 상이한 강도적인 수준을 조금이라도 그려내는 것, 혹은 기존의 몇몇 속성=동사를 완전히 잃음과 동시에 남겨진 속성=동사로 하나의 완전한 실재적 구성을 실현하는 것, 혹은 적어도 종래의 특성=형용사를 조금이라도 소진하는 것이다. '비-술어'에는 어떤 창조와 소진을 표현하는 동사=사건이 숨겨져 있는 것이다.

스피노자가 기술한 사례처럼 이전의 기억을 잃은 그 이후의 스페인 시인이나, 이전의 아이 시절의 신체감각을 죄다 잃은 그 이후의 어른 신체의 본성에서 볼 수 있듯이 인간의 동일성의 파괴 혹은 변이는 물리·생리적 현상으로서의 죽음에 의해 생기기 이전에도 생기할 수 있는 것이다. 이는 언뜻 보면 이전의 인격을 잃음과 동시에, 이전에 귀속해 있던 모든 술어를 유지하고 있는 비-가사적可死的인 '것'이라 생각될지도 모른다. 하지만 그렇지 않다. 단지 주어에 귀속하는 것으로서가 아니라, 속성=동사가 주어에 생기하는 사건을, 혹은 오히려 주어의 존재와 그 본질의 상태, 그 본질의 변양까지도 구성하는 것으로서 바로 그 술어가 생각된다면, 무제한판단에서 일반화된 표기로서의 '비-술어'는 마지막에는 존재하는 것과는 다른 방식으로의 '비-존재'라는 무제한표현의 의의를 갖기 시작할 것이다. 즉 '비-존재'란 부정판단에 대응하는 '존재하지 **않는다**'(부-존재οὐκ ὄν)라는 것도 아니고, 단지 존재와 사유상 구별되는 '본질'이라는 것도 아니다. 이러한 '**존재하지 않는 것의 촉발**', '본질의 변형'이라는 절대적인 사항까지 포함해야 비로소 '비-존재'μὴ ὄν라 말해지는 것이다[12] ―
즉 '비-존재'의 촉발과 변형. 혹은 반대로 무제한표현은 불사 혹은
이러한 인간의 본질을 변형하기 위한 실재적인 요소들이 될 필요가
있다는 것이다.

결국 여기서의 문제는 이러한 무제한표현과 신체의 혼합이며
그 혼합의 흐름을 포착하는 것이다. 바꿔 말해서 사체가 되었을 때
술어는 없어지지만 인격은 남았다고 더 이상 말할 수 없는 생존의 양
식을 획득한다면, 그것은 그대로 무제한표현을 포함한 하나의 유한

---

12) 따라서 여기서 중요한 문제는 직관적이든 정의적(定義的)이든 혹은 문제적이든 불변적
인 표상적 본질 혹은 개념적 본질을, 동사로서 나타나는 '존재의 방식(manière)'으로 치
환하여 어떤 방식에서 다른 방식으로의 이행과 변화를, 혹은 그것들 사이에서 '이루어
지고 있는 운동'을 세계로부터 추출하는 데 만족하는 것이 아니다. 바로 변화하는 본질
(스피노자에게서 촉발=변양의 힘인 본질, 아르토에게서 분신으로서 투여=변형되는 신체의 본
질)을 그것들의 존재의 방식에 따라, 특히 생사횡단이라는 하나의 존재의 방식에 따라
실현하는 것이다(전자의 관점에 관해서는 G. Deleuze, *Pli*, Minuit, 1988, pp. 70~72 / 『襞』,
宇野邦一 訳, 河出書房新社, 1998, pp. 90~93 [질 들뢰즈, 『주름, 라이프니츠와 바로크』, 이찬웅
옮김, 문학과지성사, 2004, 98~101쪽] 참조). 또한 '비-존재'와 '부-존재'의 차이에 관해 여
기서는 특히 셸링의 견해를 인용해두자. "'비-존재'(μὴ ὄν)란 단지 존재하지 않고 있으
며, 그것에 관해서는 그저 현실에 존재하고 있다는 것이 부정되는 비존재자지만, 그 점
에 있어서는 여전히 존재할 가능성이 있는 것이며, 따라서 그것은 여전히 존재를 가능성
으로서는 자기 앞에 가지고 있는 것이기에 분명 '**존재하지 않는 것**'이지만, 존재하는 것
일 수도 없다는 방식이 아닌 것이다. 반면 '부-존재'(οὐκ ὄν)란 전적으로 어떤 의미에서
도 '존재하지 **않는** 것'이며, 즉 그것에 관해서는 단지 존재의 **현실성**뿐만 아니라 존재라
는 것 일반이, 따라서 또한 그 가능성이 부정되는 것이다."(F. W. J. Schelling, *Darstellung
des philosophischen Empirismus, Aus der Einleitung in der Philosophie*, in *Schelling
Werke*, Bd. 5, München, 1928, p. 565 / シェリング, 『哲学的経験論の叙述』, 岩崎武雄 訳, 『世界の
名著·第四三巻 フィヒテ/シェリング』, 中央公論社, 1980, p. 569)

한 양태(즉 하나의 '무제한하고-유한한' 양태)가 되어 비-존재로서의 '본질의 변형'을 실현하게 될 것이다. 여기서 말하는 무제한표현이란 칸트의 무제한판단보다도 혹은 라이프니츠의 가능세계를 가상하는 논리보다도 니체가 말하는 가면의 이접적 종합("역사에 나타나는 각각의 이름은 저입니다")에 훨씬 가까울 것이다. 지젝이 말하듯이 칸트의 '선험적 가상'이 무제한판단을 단순한 부정판단으로 오독하여 이해하는 곳에 존재한다면, 부정판단을 그만두고 전부 무제한판단으로서 파악하는 것, 나아가 동사로서의 술부를 무제한표현으로서 실현하는 것은 그러한 표현을 본질의 변형의 가면으로 만드는 것이다. 가면이란 표면, 주름, 피부에 머무르면서도 절대적인 심층과 혼합하는 것이다. 무제한표현은 이접적 종합의 보다 일반화된 의미를 항상 가지고 있다. 즉 이접적 종합으로서 표기한다면 예컨대 "나는 여행한다. 나는 여행하지 않는다"이지만, 무제한표현으로서는 "나는 여행한다. 나는 비-여행한다(한마디로 나는 여행하는 것과는 다른 방식으로 여행한다)"이다. 즉 전자는 여전히 항과 항 사이의 내포적 거리의 긍정이지만, 후자에서 존재의 방식으로서의 첫째 항은 더 이상 둘째 항을 관계항으로 하지 않고 처음부터 그 본질의 변형 —즉 여행하는 존재로서 나의 본질의 변형, 즉 여행하는 **존재와는 다른 방식으**로 여행한다—을 대상으로 한다. 존재의 방식과 본질의 변형은 이 '존재와는 다른 방식으로'라는 절대적인 '틈'에서 생겨나는 것이다.

4) 모방과 의태의 차이 ─ 데이비드 린치

모방imitation과 의태mimic는 전혀 다른 것이다. 그 차이는 어디에 있을까. 모방은 존재의 유사에 시종일관한 어떤 전형에 관한 모사형식을 기본으로 한다. 단적으로 말해서 오리지널과 카피 사이에 성립하는 복사 가능성의 형식이 모방이다. 이 카피에 의해 오리지널은 더욱더 전형화되고, 오리지널은 카피 속에 현전 혹은 재현하며, 동일물의 반복을 카피와 함께 만들어내는 것이다. 반면 의태는 앞서 존재하지 않는 것의 모방이며, 또한 동시에 그 존재하지 않는 것에 앞서 그것을 모방하는 몸짓의 형상, 존재의 방식이다. 단적으로 말해서 카피를 카피하는 것이 의태의 작용이며, 그때 카피의 변질은 의태 그 자체를 형성한다. 그러므로 의태에 있어서 카피는 처음부터 카피의 카피, 카피의 변질이며 거기서는 이 변질의 정도만이 반복된다. 장-크리스토프 바이Jean-Christophe Bailly는 아르토에 관해 이러한 의미에서의 모방과 의태를 구별했다. "이 라디오 프로그램(「신의 심판과 결별하기 위하여」)에서 놀랄만한 것은 표현의 의지가 순수한 포멀리즘으로 변하는 것이며, 이 포멀리즘은 추상적인 것이 아니라 오히려 모든 '심리'가 버려지고 모방적imitative이지 않은 목소리의 의태mimic라는 의미를 가질 것이다."[13] 외침은 특정한 말을 큰 목소리로 발하는 것이다. 외침은 처음부터 말의 변질·변형과 함께만 발해지는 것이다. 목소리는 입을 통해 신체로부터 나오는데, 이 목소리의 의태, 혹은 의태로서의 목소리는 그 음성을 듣는 귀를 전제로 하지 않는다. 바꿔 말하면, 의태로서의 목소리의 음조는 물리적인 공기=대기를 진동시키기 위해서가 아니라 "탈기관체의 대기의 내벽을 진동시키러 가기 위해서"이며, 그러한 귀를 틀어막고 신체의 본질을 촉발하는 것이다.

그런데 립싱크의 존재론적 분신이란 무엇일까. 그것은 무제한표현의 하나이지 않을까. 데이비드 린치의 「멀홀랜드 드라이브」(2001)는 충격적인 영화이다. 이것은 하나의 이접적 종합을 그린 작품이며 표면의 언어 속에서의 현실적인actual 결정(오디션 장소에서 아담의 목소리에 의한 주역=카밀라의 결정)과 눈길에 의해 암시된 결정(아담의 시선에 의한 조연=다이안의 결정)이 어떻게 '신체-심층' 차원에서의 잠재적인 변화·변신을, 즉 어떤 다이안을 발생시키는지 어떤 상징도 없이 그려진 작품이다. 이 두 사건(=결정/결의) 혹은 두 개의 감정 이미지가 이 영화 전반부의 마지막을 보여준다. 꿈에는 상징이 흘러넘친다고 생각되는데, 이는 어디까지나 오리지널로서의 현실을 전제로 하는 한에서의 이야기이다. 문제는 졸음이나 편한 잠 속에서의 가능적인 꿈이 아니라, 오히려 불면자의 꿈, 악몽의 필연성이고,

---

13) Cf. Jean-Christophe Bailly, *L'infini dehors de la voix, in Antonin Artaud "Pour en finir avec le jugement de Dieu" "Monsieur Van Gogh vous désirez"*, André Dimanche, 1995, pp. 33~34 / 「声という無限の外部」, 江澤健一郎 訳, 『ユリイカ』, 1996年 12月号, p. 131. 분명 아르토 자신이 이러한 포멀리즘을 강하게 의식하고 있던 것은 「신의 심판과 결별하기 위하여」를 둘러싼 서한으로부터도 이해되는 사항이다.

현실이 촌단된 복사-꿈도 타자의 모방-꿈도 아니라, 오히려 의태의 신체가 꾸는 잠 없는 꿈이다.[14] '모방 없는 의태'가 여기에는 존재하는 것이다. 왜냐하면 거기서는 이미 '오리지널/카피'(혹은 '현실/꿈' 혹은 '현실세계/가능세계')의 스토리 관계가 아니라 단지 테이프(=기억)로서의 세계 그 자체의 잠재적 변화를 일으키는 요소들과, 그것들이 펼치는 분신의 드라마화만이 문제이기 때문이다 ── "사람의 태도는 어느 정도 그 인간의 인생을 좌우하네. 그리 생각하지 않나."

이 영화의 전반부는 확실히 하나의 사체(다이안)가 꾸고 있는 꿈과 망상 ── 거기서는 다이안의 분신인 베티가 주역이 된다 ──이며 후반부는 그러한 꿈과 망상을 꾸게 된 현실의 신체를 가진 다이안의 이야기라고 생각할 수 있을 것이다. 그러나 그런 이야기라면 별의 수만큼 많고 이 영화의 본질에 거울과 모방을 들여오게 된다. 우리가 문제제기해야 할 것은 현실/꿈, 현실세계/가능세계와 같은 공가능적인 이원론에 따른 이야기가 아니라, 어떻게 표면에서의 현실적인 actual 결정이 잠재적인 것의 잔혹한 변형을 일으키는가, 어떻게 현실적인 것과 잠재적인 것 사이에 불공가능성이 산출되는가 하는 것이다. 따라서 여기에는 무제한표현 아래서의 표면과 심층의 혼합, 혹은

---

14) 린치는 다음과 같이 이야기했다. "깨어 있을 때 꾸는 꿈은 중요하다", "중공업도 좋아한다. 불길을 좋아하고 연기를 좋아하고 소음을 좋아한다. [⋯] 컴퓨터의 소리 따위 공장의 소리에 비하면 배경음악 같은 것이다"(『デイヴィッド・リンチ』, クリス・ロドリー編, 廣木明子・菊池淳子 訳, フィルムアート社, 1999, pp. 36, 115).

악순환이 잘 실현되어 있지만, 이를 위해서는 신체 그 자체를 립싱크의 의태로 만드는 것, 혹은 신체를 통해 립싱크를 모방에서 의태로 변질시키는 것이 필요했던 것이다. "여기에 오케스트라는 없습니다. […] 이것은 전부 테이프입니다." 클럽 실렌시오silencio[침묵]에서 남자 사회자가 발하는 말은 의태로서의 '립싱크'의 긍정이며, 립싱크의 분신 확인이다. 오리지널-카피의 켤레관계에서 배제된 것, 오리지널로부터 이중으로 멀리 있는 것, 카피의 카피, 이른바 시뮬라크르와 같은 것의 상들이 구체적으로 '립싱크'로서 긍정되는 장소, 그러나 그에 따라 자신들의 신원이 밝혀지는 잔혹한 장소, 그것이 클럽 실렌시오이다. 그 귀빈석의 파란 머리 여자가 중얼거리는 "조용히"(실렌시오)는 모든 의태, '립싱크'가 성립하는 반유비의 세계, 존재의 일의적인 평면에 침묵을 가져오기 위해 발해진 말이다. '립싱크'의 긍정적인 존재론적 분신은 여기에 존재한다. 예컨대 오케스트라는 일반적으로 연주의 주체이다. 그러므로 오케스트라와 이것에 의해 연주되는 것과의 사이에는 오리지널과 카피 사이에 성립하는 관계와 유사한 관계가 성립하게 된다. 다시 이 연주를 녹음하면 거기에는 연주(=카피)를 카피한, 카피의 카피라는 오리지널(=진짜)로부터 가장 멀리, 존재의 정도가 가장 낮은, 보다 많이 불완전한 것의 차원이 성립하게 된다. 그러나 이 불완전성은 오히려 하나의 실재적인 무능력의 별명이며 그 최대의 능력은 잠재적인 것의 변형을 가능케 하는 존재의 방식을 보여주는 것이다.

마찬가지로 린치의 「블루 벨벳」(1986)에는 립싱크가 매우 아름다운 장면이 있다. 얼굴에 분칠한 동성애자 벤(딘 스톡웰Dean Stockwell)이 자신의 얼굴에 빛을 받으며 「인 드림스」In Dreams를 부르는 장면이다. 처음에는 벤의 노래가 립싱크라고는 생각되지 않는다. 하지만 그 노래에 흥분한 프랭크(데니스 호퍼Dennis Hopper)를 보고 벤은 노래를 멈추는데, 순간이기는 하지만 카세트에서는 여전히 달콤한 노랫소리가 흘러나오고 있었다. 프랭크가 그 카세트를 곧바로 꺼버렸기 때문이다(프랭크는 자기의 립싱크성에 눈뜨는 것이 두려운 것 같다). 어긋남은 근소한 시간만 현재화顯在化했지만, 그런데도 이 영화에서의 립싱크는 잠재적인 공포의 어둠밖에 표현할 수 없는 것이 아닐까? 여기서의 의태는 형식의 평범함과 상호작용하여 모방과 완전히 연을 끊었다고는 할 수 없다. 그러나 「멀홀랜드 드라이브」에서는 린치의 표현의 의지가 새로운 포멀리즘이 되어, 즉 단순한 잠재성의 어두운 모방이 아니라 그 형식상의 전반부와 후반부가 서로 반조하는 무제한의 표현이 되어 침묵의 의태가 실현되는 것이다. 그것은 마치 입에서 혹은 립싱크에서 신체=물체가 나오는 듯하다. 이 잔혹한 영화에서는 '베티든 다이안이든', '리타든 카밀라든' 그녀들 ── 태어나야 할 '딸들' ── 을 통해 "배우는 신체를 전이하는 작용을 가지고 있다"[15]는 것이 잘 표현되어 있다.

초기 스토아학파의 철학을 완성시킨 크뤼시포스는 이미 이러한 분신으로서의 립싱크를 파악하고 있었다. 그는 말한다. "당신이 무언가를 말한다면 그것은 당신의 입stomata에서 나온다. 당신이 집마차를 이야기한다. 그 결과 짐마차가 당신의 입에서 나오는 것이다."[16] 아르토의 경우도 마찬가지다. 목소리의 어조를 통해, 즉 외침을 동반한 숨을 통해 입에서 신체가 나오는 것이다. 그러나 여기서 튀어나온 것은 신체의 또 하나의 존재가 아니라 신체의 본질이며, 그 이상으로 그 본질의 변형이다. 거기서 목소리는 항상 목소리의 어조이고, 이 목소리의 어조는 바로 외침 혹은 숨에만 귀속되는 것이다. 린치는 영화에서 공포를 잔혹으로 극복한 영화작가이다. 즉 그는 바로 존재론상의 립싱크가 무음의, 그러나 모든 강도로 가득한 하나의 외침을 신체의 본질 아래서 표현하기 시작하는 순간을 포착한 것이다. 잔혹함, 그것은 의태의 신체에 고유한 잠재적 변형을 보여준다. 죽음의 이미지는 도처에 있지만 아무도 죽지 않는다. 불사는 가능세계에서 살아남는다는 것을 전혀 의미하지 않고, 주름을 가진 바로크적 구조 같은 것은 어디에도 없다. 공포가 아니라 잔혹을. 공포로 가득한 가능성의 세계극장이 아니라, 이 공포의 가능성이 완전히 소진된, 따라서 필연적인 잔혹연극을. ──아르토의 외침이 들려오는 듯하다.

---

15) A. Artaud, "Trois texts écrits pour être lus à la Galerie Pierre"(1947), Œuvres, p. 1538.

16) ディオゲネス・ラエルティオス, 『ギリシア哲学者列伝(中)』, 加来彰俊 訳, 岩波書店, 1989, 187節, p. 362 [『그리스철학자열전』, 전양범 옮김, 동서문화사, 2008, 505쪽].

6. 강도와 분신―죽음의 분열증화

1) 강도의 이접성―'존재든 본질이든'

스피노자의 병행론을 경험주의로서 형성하는 것은 정신에 관한 비판의 문제와 신체에 관한 임상의 문제와의 병행론으로서 논구될 필요가 있다. 그러나 이러한 다른 정신 및 다른 신체로의 변화, 그 분신들의 형성에 대해 여전히 병행론이라는 말을 사용하는 것은 그다지 적절하지 않다. 정신과 신체는 단지 동일한 질서, 연결, 계기의 병행 관계에 있는 것이 아니라, 유한한 양태로서 지속함으로써만 문제제기할 수 있는 '분신'이라는 하나의 문제적인 것을 산출한다. 즉 병행론에서 경험주의를 확립하는 것은 필연적으로 형성이라는 욕망의 문제를 포함하고, 그것이 욕망하는 분신론으로서 성립해야 한다는 것을 보여주는 것이다. 정신이 자기의 활동역능에서 표현의 수준을 변화시키기 위해 비판적 형성의 문제를 의식했을 때, 그 정신은 신체의 미지 부분――'신체는 무엇을 행할 수 있는가'라는 문제에 대응하는 강도적 부분――의 분신이 된다. 그리고 신체의 현실적 존재를 어떻게 다른 신체로 변화시킬까 하는 임상적 분신의 문제가 제기될 때, 이 다른 신체란 신체의 존재에 대한 바로 그 본질이며, 그 이상으로 그 본질의 변형을 의미한다. 신체의 존재는 외연적인 양量감각과 내포적인 질質감각이라는 방식으로 자기의 다양한 변양을 감각하지만, 신체의 본질에서 모든 것은 순수강도로서만 감각된다. 이처럼 기관들로 구성된 유기적 신체의 존재는 비판과 임상의 문제에 따라 탈기관체라는 신체의 본질을 자기의 분신으로서 존립시키려 노력하는 것이다. 탈기관체란 그 본질의 변형이 자기의 본질이 되는 신체이다.

스피노자는 분명 신체를 하나의 새로운 영역의 모델로 삼았다. 그러나 이는 들뢰즈/가타리가 주장하듯이 동시에 혹은 필연적으로 신체를 '죽음의 모델' ── 죽음과 등가인 것 ── 로 삼는 것이다. 그렇다면 신체를 '죽음의 모델'로 삼는다는 것은 무엇인가. 그것은 초월성을 띤 부정이나 결여를 신체에 초래하는 것도, 혹은 양과 질에 관계된 신체의 죽음을 모델화하는 것도 아니다. 이 경우 양과 질의 관점이란 단순히 삶과 죽음 사이에 정도(양)의 차이를 혹은 본성(질)의 차이를 가져오는 것이다. 이는 예컨대 다양한 의료기기를 통해 기관들의 운동기능을 외연량의 표시로 환원함으로써 운동과 정지의 비율=비로 표현된, 신체의 본성이 다양한 부분들을 그 작동과 정지의 양적인 관계=관련으로서 파악하거나, 혹은 정신과 신체의 병행론의 본질 가운데 하나인 애니미즘을 생명이 없는 물질과 생명 그 자체로서의 영혼으로 분리하는 것이며, 또한 삶과 죽음 사이를 에로스와 타나토스 사이에 있는 본성의 차이로서, 혹은 삶의 얼마간의 욕동과 죽음 욕동 사이에 상정된 질적인 대립으로서 파악하는 것과 연결되어 있다. '죽음의 모델'은 특히 죽음 욕동과 대립하고, 나아가 신의 심판을 실질적으로 지탱하는 판단모델이나 법정모델에, 그리고 그것들에 의해 지배된 정념적인 인간 본성과 대립하는 것이다. 이러한 인간 본성은 자연 속에서 자신들의 생식활동을 각인하고, 분변성 가득한 관계들을 수립하며, 자연을 존재로 변모시켜버린다. 그러므로 '죽음의 모델'은 인간 본성에 의한 이러한 모든 수육의 체제, 욕동의 체제를 파괴하는 것이다.

그런데 신체를 '죽음의 모델'로 삼는다는 것은 일반적으로 생각하면 당연할지도 모른다. 하지만 여기서는 그 의미가 전혀 다르다. 즉 여기서 말해지는 신체는 그것이 단지 가멸적인 것이며, 인간에게 자신의 신체가 가장 절실한 가멸성을 갖는 것으로서 존재하기 때문이라는 이유로 '죽음의 모델'이 되지는 않는다는 것이다. 오히려 신체는 이러한 모든 가멸성을 그것과는 전혀 다른 실재성을 보이는 절대적 낙하로서, 즉 어떤 감각의 정도도 가지지 않는 '강도=0'으로의 점근적 낙하·소멸로서 파악하기 때문이다. 바꿔 말해서 이 절대적 낙하 혹은 능동적 하강은 가멸성의 분신이다. 그것은 오히려 **죽음을 양과 질로부터 해방하는 것**, 혹은 죽음을 둘러싼 양과 질의 관점을 무효로 만드는 것이다. 그러한 신체야말로 바로 탈기관체라는 개념으로 우리가 생각하려고 한 것이 아닐까. "탈기관체는 '죽음의 모델'이다."[17] 탈기관체는 우리의 경험에 대한 가능성의 조건이 아니다. 탈기관체는 아무것도 가능하게 하지 않는다. 이는 신체의 본질이 신체의 존재를 가능하게 하지 않는 것과 마찬가지다. 그것은 오히려 아무것도 가능하게 할 수 없는 소진된 것의 내재적 조건이며, 더 정확히 말하면 모든 강도가 **생기하기 위한**, 즉 절대적으로 **낙하하고 소멸하기위한** ── 강도가 내포량과 구별되고 바로 순수강도로서 파악되기 위한 ── 하나의 무조건적 원리이다.[18] 강도를 어디까지나 내포량으로서 생각하는 한, 사람은 내포량의 가장 큰 특징이기도 한 '양과 질의 종합' 혹은 '양에 고유한 질'이라는 이해로부터 결코 벗어날 수 없을 것이다.

칸트는 『순수이성비판』의 「지각의 예료像料」[지각의 예취들]에서

---

17) Cf. *ACE*, pp. 393~396 / pp. 391~394 [『안티오이디푸스』, 546~549쪽].

18) "이미지는 하나의 숨, 하나의 호흡이지만, 소멸 도중에 내뱉어지는 것이다. 이미지는 사라지는 것, 완전히 타는 것, 하나의 낙하이다. 그것은 그 높이에 의해 즉 0 이상의 수준에 의해 그 자체로 정의되는 **순수강도**이며, 이 강도는 단지 하강함으로써만 그 수준을 그려낸다."(G. Deleuze, *L'Épuisé*, p. 97 / 『消尽したもの』, p. 37. 인용자 강조 [『소진된 인간』, 68쪽]) "모든 강도는 그 고유한 삶 속에 '죽음의 경험'을 가져오고, 또한 '죽음의 경험'을 포함한다. 필시 모든 강도는 마지막에는 사라지며, 모든 생성은 그 자체로 '죽음의-생성'이 될 것이다."(*ACE*, p. 395 / p. 393 [『안티오이디푸스』, 548쪽]) 그러나 여기서 주의해야 할 것은, 곧 뒤에서 다루겠지만, 강도가 '취소된다'(s'annuler)는 것과 '사라진다'(s'éteindre)는 것은 단어의 표기상 차이는 본질적이지 않지만 그에 따라 표현되는 사항은 전혀 다른 위상으로, 그런데도 실재적인 구별로서가 아니라 최소한의 사유상의 구별로서, 그러나 경험적으로 사용된 것이 아니라 초월적으로 행사된 한에서의 사유상의 구별로서 파악될 필요가 있다는 점이다.

이러한 낙하, 소실을 파악했던 것이 아닐까. '부정성=0'과의 관계 아래서만 규정되는 양, 즉 이 '부정성=0'과의 내적인 긴장관계 속에서만 규정되는 양, 그것이 '내포량'이며, 점근적으로 이 '부정성=0'으로 낙하해가는 한에서만 그 정도에 고유한 수준을 보여주는 양이다. 이런 의미에서 칸트는 그가 제시하는 근대시민사회의 인간상 속에서, 혹은 새로운 형이상학, 새로운 합리주의 속에서, 혹은 이성의 자기비판 속에서 근소한 '죽음 욕동'을 이미 엿보고 있었을지도 모른다. 그렇지만 욕망 안에는 어떤 내적 욕동도 없다. 죽음 욕동은 없는 것이다. 죽음은 삶의 결여가 아니고, 또한 결코 부정적인 것으로도 '부정성=0'으로도 환원되지 않는다. 죽음에 걸맞은 것은 강도이며, 이 부정성 없는 '강도=0'이다. 죽음에 의해 그 죽음을 맞이한 것의 동일성이 전달된다는 것이 아니라, 죽음 그 자체가 차이를 전하기 위해서는, 즉 '죽음을 분열증화하기' 위해서는 무엇보다도 양과 질로부터 죽음 그 자체를 해방하는 것이 필요하다. 그것은 죽음의 표현을 바로 삶 속에서 발산시키는 것, 모든 강도(=생성)를 '강도=0' 아래에서 경험되는 '죽음의-생성'으로 만드는 것이다. 죽음은 강도에 의해 분열증화된다. 죽음은 하나의 삶에서의 연속적 동일성을 전하는 것이 아니라, 그 삶에서의 분신의 차이를 전하는 것이다.

강도는 두 번, 죽음과 관계된다. 첫 번째는 존재의 변혁으로서, 두 번째는 본질의 변형으로서(이 두 가지 종합이 '혁명'이라 칭해야 할 사항이다), 첫 번째는 공포로서, 두 번째는 잔혹으로서(전자에서 후자로의 이행이 인간 본성을 변형하는 것이다), 첫 번째는 강도 그 자체의 취소로서, 두 번째는 강도 그 자체의 소멸로서(이에 따라 죽음과 불사에 관해 강도적인 문제가 삶에 초래된다). 강도는 존재 아래서 취소되지만, 본질 아래서는 사라진다. 그리고 순수강도라는 것은 특히 이 후자에만 주목했을 경우에 말해진다. 강도는 신체의 존재 아래서 그 변양의 양과 질로서 전개되고, 그 존재의 본질로서 '강도=0'을 투여하는 것이다. 강도는 늘 이접적이고 그 궁극의 이접성은 바로 '존재든 본질이든' ──이미 기술했지만 이는 결코 '존재의 유든 본질의 유든'이 아니다── 이라는 것이다. 강도는 분신이다. 강도는 이 '존재든 본질이든'이 그 본질이 존재를 포함하지 않는 것에 관해 말해지는 경우에 사용되는 반면, '강도=0'은 이 '존재든 본질이든'이 그 본질이 존재를 포함하는 것에 관해서만 말해질 때의 표현인 것이다. 강도는 바로 그 본질이 존재를 포함하지 않는 양태에 대응하여 그 양태가 존재하기 시작한 경우에는 외연량과 내포량 아래서 전개됨과 함께 거기서 취소되어가고(그 양태의 본질의 외재적 태세), 그와 동시에 역으로 '강도=0'과의 사이에 고유한 수준을 지닌 순수강도로서 이 '강도=0'을 투여하면서 사라지는 것이다(그 양태의 본질의 내재적 태세). 스피노자에게서의 실체와 양태 간의 차이를 이처럼 강도를 이용하여 파악할 수 있다. 하지만 더욱 중요한 논점은, 이 강도의 두 번째 죽음에 의한 '강도=0'의 투여라는 사고방식에는 양태들의 주위를 실체가 회전한다는 영원회귀에서 모든 가치의 가치전환이 필연적으로 포함된다──

바로 스피노자와 니체의 내재적 일치, 그러나 아르토를 대관戴冠시키기 위한 — 는 것이다. 그것은 양태로서의 자기원인, 자기 자신의 재생이다. 따라서 만일 강도가 존재에서의 내포량으로서 고정된다면, 강도는 두 번째 죽음에 관계되지 않고 그 이접성에서도 분신의 투여에서도 분리되어버릴 것이다.

공포가 어디까지나 인칭적인 누군가에게 귀속되는 감정이고 또한 그 자체 내포량으로서의 정도 혹은 고난을 가지는 데 반해, 잔혹은 본질적으로 비인칭적이고 무명無名적인 정동이고 본질을 향해 능동적으로 유산=역류한 내포량 즉 강도이다. 그것은 모든 음성적 기관들을 거치지 않고 발해지는, 즉 내응하는 음량도 음질도 지속도 갖지 않는 음조성을 사용한 '외침' 혹은 '숨'이 되어 내뱉어지는 것이며, 본성상의 변형에 필연적으로 동반하는 능동적 고통, 죽음의 생성, 순수강도이다. 외침이란 어떤 기존의 말을 일상의 회화보다도 강하게 발함으로써 달성되는 사항이 결코 아니다. 외침은 실존의 노이즈도 신음 소리도 아니니까. 그게 아니라 외침이란 신체의 본성을 변화시키려는 한에서 그 신체의 실존의 외침(존재의 방식)이며, 그 존재가 좁게 패인 곳을 통과해오는 뼈와 피의 분출이다. 강도는 탈기관체에서의, 즉 뼈와 피만으로 이루어진 유체流體의 신체에서의 소용돌이, 물결, 거품, 날씨 등이며, 펄펄 끓어오른 '신체의 본질'의 군생적인 흐름이다.[19] 이에 따라 무수한 개체에서 이 신체의 본질이 흘러나오는데, 이는 생식이 아니라 무능력이라는 전염병에 의한 개체화

과정의 하나의 재출산이다. 그것은 뼈와 피가 기관을 남기거나, 혹은 기관들로 이루어진 하나의 유기체를 남기거나, 혹은 신체의 현실적인 존재를 남겨 새로운 다른 신체 즉 분신을 형성하는 것이다.

스피노자는 타자 없는 세계에 살며, 따라서 타자의 욕망에도 타자의 변증법적인 스토리에도 종속되지 않는 자유로운 인간을 생각했다. 그리고 이 "자유로운 인간은 무엇보다도 죽음에 관해 가장 적게 생각한다. 그리고 그의 지혜는 죽음에 관한 성찰이 아니라 삶에 관한 성찰이다."[20] 단, 이 논의에는 특히 주의해야 할 사항이 숨겨져 있다. 여기서 성찰되는 삶은 실재성 속에서 형성되는 삶, 즉 욕망하는 분신론으로 채워진 하나의 삶이다. 그러므로 여기서 성찰되지 않는 죽음이란 상상과 상징 아래에서 표상되는 가멸적인 차이, 혹은 적용의 질서에서 잠재적 다양체의 현실화 끝에 취소되는 가멸적인 차이에 대응한 죽음, 부정이나 결여로 환원되는 죽음, 주체로서 고정된, 한 사람의 타자로서의 '나'의 죽음, 본질에서 분리된 신체의 존재

---

19) 들뢰즈는 특히 '유체적 신체'라는 관점에서 탈기관체를 기술한 바 있다. "탈기관체는 뼈와 피만으로 이루어져 있다"(*LS*, p. 108, n. 8 / p. 423 [『의미의 논리』, 173쪽, 주 7]), "불어넣어진 유체적 혹은 액체적 요소 속에는 '바다의 원리'와 같은 하나의 능동적 혼합에 관한 쓰여지지 않는 비밀이 있다"(*LS*, p. 109 / p. 115 [『의미의 논리』, 174쪽]), "외침 전체가 숨 안에 용접되는데, 이는 연화(軟化)되는 기호 속의 자음과 같으며, 바다 덩어리 속의 물고기, 혹은 탈기관체에서의 피 속 뼈 같은 것이다"(*LS*, pp. 109~110 / p. 116 [『의미의 논리』, 175쪽]) 등.

20) 스피노자, 『에티카』, 4부, 정리 67.

의 죽음이다. 따라서 여기서는 성찰되지 않는 삶, 혹은 보다 적게 생각되는 삶도 존재하게 될 것이다. 그것은 이 성찰되지 않는 죽음에 의해 잃는 것이 최대가 되는 삶, 신체의 본질이 표상적 본질이나 개념적 본질로서 고정된 가운데 보내지는 삶, 그러므로 본질로부터 결정적으로 분리된 신체의 존재에 보다 많이 관계되는 삶이다. 인간의 삶의 방식 대부분은 이러한 죽음을 맞이한다는 의미에서 가멸적이라 말해지는 것이다.

'나'란 이러한 삶의 별명이며, 인칭적 세계에는 이러한 삶과 죽음이 소용돌이치고 있다. 아르토라면 나와 너는 분변의 구별에 기인한 것이라고까지 말할 것이다. 이러한 '나'를 단순한 언어습득의 결과로서 생긴 허구로 생각하지 않도록 하자. 타자의 모든 것을 모방하여 자기형성을 이루는 데 이른 이 '나'야말로 참다운 실재가 아니고 무엇일까. 이 '나'를 허구라고 말할 수 있는 것은, 마찬가지로 타자-구조에 의해 구성된 모든 것에 기쁨으로써 죽음을 부여할 수 있는 자뿐이다. 그럼 누가 '나'에게 죽음을 부여할까. 그러한 형태로 죽음을 '나'에게 주어지게 할 수 있는 것은 탈인칭화된 어떤 자기뿐이다. 그것은 사체가 되기 이전에 일반성이 더 낮은, 그러나 특이성이 더 높은 곳으로부터 낙하하는 강도를 더 많이 표현하는 스피노자의 완전한 관념 ―다만 새로운 감각의 방식과 지각의 방식을 갖춘 개념 ―에 의해, 혹은 비물체적 변형의 수육의 체제를 관장하는 초기 스토아학파의 종자적 로고스 ―숨(프네우마pneuma) ―에 의해 죽음을 구성한다. 현대음악 작곡가 곤도 조近藤讓가 제기한 "선의 음악"[21]을 바로 프로그레시브 록이라는 음악 속에서 음향과 콘셉트로서 실현한, 가장 위대한 밴드 핑크 플로이드는 반플라톤적인 주제를, 즉 **태양 없는**, 이 대지와 저 달 사이에 있는 짐작할 수 없을 만큼 수상쩍은 관계를 노래한다. "들이마셔 / 공기를 들이마셔 / 괴로움을 겁내지 마 / 떠나, 하지만 날 떠나지는 마 / 주위를 둘러보고 너의 장소를 골라 / 살아가는 한, 높이 날고 있는 한 / 네가 떠우는 미소가, 네가 흘리는 눈물이 / 네가 만지는 모든 것이, 네가 보는 모든 것이 / 네 인생 그 자체인 거야 / 달려, 토끼야, 달려 / 굴을 파고 태양과 작별하는 거야 / 겨우 작업이 끝나도 / 쉬면 안 돼, 다른 굴을 파는 거야 / 살아가는 한, 높이 날고 있는 한 / 다만 파도를 타고 / 제일 큰 파도에서 균형을 잡아도 / 넌 묘지의 문턱을 향해 서두르게 돼."[22]

---

21) '선(線)의 음악'의 가장 큰 특징 중 하나는 잠재성에서 본질적으로 '판명하고-애매'한 한에서의 소리-소재로부터, 실제로 들리는 것을 겨냥한 장면에서의 '명석하고-모호한' 다양한 현실적 배치라는 소리-지속으로의 음악화 속에 작곡가(연주가)와 청중을 끌어들이는 데 있다. "『선의 음악』은 작곡가(연주가)의 표현이 아니다. 분명 나는 작곡가로서 소리의 '분절'을 확정하고, 지속을 만들기 위해 어느 정도 '연접'도 확정했는데, '연접' 양태의 대부분은 단지 잠재적으로 '연접' 가능한 상태 속에서 개개의 청중이 들음으로써 비로소 확정된다. 나는 배치를 듣는 것이 가능하도록, 그러나 특정한 배치의 안정된 확립을 방해하도록 소리를 결정한 것이며 '연접' 양태의 모든 것을 확정한 것은 아니다. 여기에는 내가 만든 지속이 있지만, 그 지속을 어떻게 따라갈지는 청중 자신에게 맡긴다. [⋯] 작곡가(연주가)가 내미는 것은 그대로 받아들이고 심리적으로 동화할 수 있는 완성품이 아니라, 청중이 음악하기 위한 소재임에 불과하다."(近藤讓, 『線の音楽』, pp. 120~121)

2) 죽음의 경험과 무기고

그러나 자유로운 인간이 가장 적게 성찰하는 죽음이 아니라, 반대로 자유로운 인간을 낳는 죽음의 관념이 중요한 것이다. 필시 그것은 '죽음의 경험' —— 즉 탈기관체라는 '죽음의 모델' 위에 생기는(즉 능동적으로 낙하하는) 강도를 감각하고 경험하는 것 —— 일 것이다. 이에 따라 '나'에 관해 말해지는 그 삶과 죽음 사이의 경계선은 완전히 그 의미를 잃을 것이다. 이것이야말로 스피노자가 말하는 "죽음이 그만큼 유해하지 않게 되고" "죽음을 거의 겁내지 않게 된다"는 것이다.[23] "죽음이 유해하지 않게 된다"는 것은 자신의 죽음을 항상 생각하면서 더 좋은 삶을 보낼 수 있다는 것이 아니며, 또한 "죽음을 겁내지 않게 된다"는 것은 이 삶을 용이하게 떨쳐버릴 준비가 되어 있다는 것도, 혹은 죽음을 완전히 피할 수 있다는 것도 의미하지 않는다. 이 '죽음의 경험'에서 하나의 삶은 죽음에 의해 잃는 것이 더 적은 만큼, 그만큼 더 많이 불사 혹은 영원을 느끼고 경험할 수 있다. 죽음은 오히려 하나의 유익성을 갖고 공포를 뛰어넘은 하나의 잔혹성을 삶에 가져오는 것이다. '죽음의 경험'이 어떻게 불사 혹은 영원의 경험

---

22) 「生命の息吹き〔気息〕」(Breathe in The Air), 『ピンク・フロイド詩集』, 肥田慶子 訳, シンコー・ミュージック, 1990, pp. 102~103.

23) 스피노자, 『에티카』, 5부, 정리 38, 정리와 주석; 정리 39, 주석 참조.

으로 이어지는가. 그것은 '죽음의 경험'이 강도의 감각에 따라 변양하고 변형하는 본질을 경험하는 것이기 때문이다. 바꿔 말하면 죽음에 의해 한정된 유한한 삶은 반대로 그 한정에 의해서만 부여되는 어떤 특별한 힘을 숨기고 있다는 것이다. 이는 그 개체의 사후에도 존속하는 어떤 것을 대상으로 한 힘이며, 따라서 불사성의 힘이다. 고찰되어야 할 삶의 힘, 즉 죽음에 의해 한정된 삶의 힘이란 불사성의 힘이다. 다시 말해 사후에도 존속하는 것은 도덕적인 의미 없이, 죽음에 한정된 삶에 의해서만 실현될 수 있다는 것이다. 불사성의 힘이란 지속적으로 존재하고 있는 동안에만 발휘되는 힘이다. 힘은 힘에만 관계할 수 있다고 생각한다면, 존재의 힘이 관계하는 힘은 본질이라는 변양하는 힘이다. 즉 삶의 힘은 본질의 촉발·변형에 대한 힘인 것이다. 신체가 지속 존재하고 있는 동안에 비로소 불사성은 우리의 경험에서 직접적인 대상이 되는 것이다. 삶과 죽음 사이에 그어진 일반적인, 즉 양 혹은 질에 의해 그어진 경계선의 탈근거화야말로 영원히 회귀하는 것 —아르토=아귀Mômo의 회귀— 이며, 그것은 동시에 어떤 자기를 '나'로부터 해방하는 것이다.

인간의 감성을 칸트적인 수용성의 능력으로서만 이해할 수 있는 자에게 죽음은 결국 사체를 향해 일방적으로 수용할 수밖에 없는 것이 된다. 죽음의 공포는 확실히 존재한다. 예컨대 자신이 죽어도 이 세계와 타자가 그 죽음과 전혀 관계없이 남는다는 것, 이는 사람을 죽음의 공포에 빠뜨릴 것이다. 그렇지만 자신이 태어나기 전에도 이 세계와 타자가 존재하고 있었던 것에 대해서는 특별히 공포를 품지 않을 것이다. 왜인가. 태어나기 전의 자신을 죽은 상태라고는 생각하지 않기 때문이다. 혹은 자신이 그 신체의 존재 이전에도 존재하고 있었다는 것을 우리는 결코 상기=상상하지 않기 때문이다. 마찬가지로 우리는 자신의 신체가 사체가 된 이후에도 자신의 신체가 지속한다는 것을 상기=상상하지 않는다. 탄생하는 것도, 사체가 되는 것도 외부의 원인에 의거하기 때문이다. 따라서 이런 한에서 생각되는 아르토 문제란 어떻게 스스로 태어나고, 어떻게 자신의 내부에서 죽음의 생성을 일으킬까 하는 것이다. 환언하면 이는 탄생과 죽음에 의해 한정된 삶을, 자신의 무능력에 철저하게 방치되는 이 불가능한 문제로 채우는 것이며, 이에 따라 불멸의 신체, 탈기관체가 그 삶의 분신으로서 발생하는 것이다. 욕망하는 분신론에서는 탈기관체 그 자체가 결코 현실적으로 차이화하지 않는 불모의 차이라는 필연성을 보여준다. 여기서는 차이를 차이화로서 이해해서는 안 된다. 이에 대해 반대로 차이화할 수밖에 없는 차이라는 필연성 속에서 이 신체의 비분할적인 내포 부분을 생각한다면, 그것은 탈기관체라는 이 '강도=0'에 대해서만 산출되는 강도의 차이이다. 자유로운 인간의 모든 '지혜'는 분신의 지혜와 관계될 것이다. 욕망이 단지 인간의 내재적인 본성이라는 것이 아니라, 인간의 본질을 변형한다는 욕망이 그 본질의 상태를 규정한다는 것이 우리에게 중요한 것이다.

불사성을 느끼고 경험하기, 그것은 욕망하는 분신론에서의 미래의 힘들, 본질의 변형의 힘들, 즉 '다른 신체'로부터 결코 분리되지 않는 경험, 분열분석적인 '반-효과화'의 경험이다. 이 경험이 비물체적 변형의 현실화에 대한 실재적인 발생의 요소가 될 때, 비로소 이 현실화는 혁명의 힘들을 획득하는 것이다. 영구혁명이란 존재를 목적으로 하여 그 변혁에 시종일관하는 것이 아니라, 양태의 이론으로서 존재의 방식을 작용원인으로 한 본질의 촉발이고 변양이며 변형이다. 하지만 주의해야 한다. 이 '존재의 미래'의 원인을 다시 목적인의 일종이라 생각해서는 안 된다. 왜냐하면 목적인은 그 실현으로의 과정을 없는 편이 낫다고, 악이라고, 즉 실현의 결여라고 생각하여 그것을 부정해야 할 대상으로 보지만, 이 새로운 작용원인=자기원인은 과정을 결코 부정하지 않고 오히려 그 자체로 질료적인 — 전형이나 정점과는 전혀 관계없다는 의미에서 — '과정인'이라고밖에 부를 수 없는 것이기 때문이다. 스피노자의 철학을 유물론으로서 파악한다면 여기서 그 최대의 이유를 보아내야 한다. 바꿔 말해서 문맥이 아니라, 또한 문맥과는 전혀 관계없는 비통시적인 과정이 존재하는 것이다. 여기를 통과하는 자는 결코 통과한 공간을 만들어내지 않는 방식으로 걷는 자들이며, 분열자의 산책(혹은 그 사유)이란 그러한 것이다. 사회적 영역은 오히려 이러한 과정에 따라 끊임없이 적극적으로 만들어지고 있는 실재의 영역이다. 들뢰즈/가타리가 말하듯이 "분열증적 과정은 혁명의 잠재력이다".[24] 욕망은 이 과정밖에 모른다. 형성의 질서, 혹은 차라리 그 무질서는 바로 탈기관체의 투사의 과정, 출산의 고통 그 자체를 표현하려는 의지이다.

다른 신체의 투사라는 이 경험은 하나의 실재적 경험이며, 항상 '죽음의 경험'을 동반한 경험이다. 이런 의미에서 존재와 본질의 분열분신적인 경험은 오히려 하나의 종합의 경험이며, 나는 그것을 존재의 방식과 그 본질의 변형의 불협화적 일치라는 의미에서 분열분신적 종합이라 칭하고 싶다. 혹은 간단히 분신에서의 경험이야말로 분열종합적이라고 해도 상관없다. 모든 피분석의 양태와 분석하는 양태의 그 현실적인 조건들을 파괴하는 것, 변형하는 것, 그와 동시에 탈기관체로서의 '강도=0'을 투여하는 것, 이것이 그대로 분열종합적 경험을 형성하는 것이 된다. 우리에게는 아르토밖에 없는 것이다. 따라서 이 경험은 처음부터 파괴와 '동시에' 생산적이다.[25] 이처럼 분열종합적 경험은 그 사유가 비물체적인 것의 물질성임을 보아낸다. 이 사유의 물질성, 혹은 비물체적인 것을 물체적으로 변형하는 강도가 자기 내에서 사회적 영역을 실재적으로 정의하고, 또한 이 흐름을 만들어내는 것이 실제로 '사회'를 생산하며, 이것이 '강도=0'을 투여하는 것 — **강도의 완전한 본성** — 의 의미이다.[26] 따라서 사회

24) *ACE*, p. 408 / p. 405 [『안티오이디푸스』, 565쪽].

25) *ACE*, pp. 384~385 / p. 382 [『안티오이디푸스』, 535쪽]. "〔분열분석의〕 두 가지 작업은 반드시 동시에 이루어진다."

26) "각각의 강도가, 무한히 많은 정도 아래에서 증대·감소하는 것으로 어떤 순간에 산출되는 데서부터 출발하여 자기 자신 내에서 '강도=0'을 투여하는 것은 강도에 고유한 것이

적 영역, 사회적 권역이란 역사나 습관이나 공동체로 환원되기는커녕 바로 **비물체적 변형의 순수한** "비축고"réserve라고 해야 한다(아르토가 말하는 '상자'는 이러한 비축고의 블록을 이루고 있을 것이다). 사회는 비물체적 변형군의 연결체이다. 혁명에의 의지를 가지는 한, 이 비축고를 인간의 지성과 감성, 그리고 본성 그 자체를 변형하고 개선하기 위한 능동성의 '무기고'로 생성변화시킬 필요가 있다.[27] 최악의 사물은 자본주의적인 '형상-질료'의 물체적 배치, 언어의 체제, 노동과 욕망의 체계에 있는 것이 아니라(그런 것은 현실존재의 일부에 지나지 않는다), 우리의 머릿속에 있는 비대화되고 경직된 비물체적인 암癌이며, 그것이야말로 현실세계를 구성하는 존재인 한에서의 존재이다. 욕망하는 분신론은 그러한 비물체적인 것에 대해 본질의 변형 문제를 제기하는 것이다.

다."(*AŒ*, p. 394 / p. 392 [『안티오이디푸스』, 547쪽])

27) '비축고'에 관해서는 G. Deleuze, *Pli*, pp. 141~142 / 『襞』, p. 181 [『주름, 라이프니츠와 바로크』, 191~192쪽]; G. Deleuze & F. Guattari, *Qu'est-ce que la philosophie?*, p. 148 / 『哲学とは何か』, p. 222 [『철학이란 무엇인가』, 224쪽] 참조. 아르토에게 "신화가 구성하는 에너지들의 저장고"이기도 한 이 비축고를, 비물체적인 것을 변형하기 위한 무기고로 사용할 수 있는 유일한 자들, 그들은 "쇠와 피와 불과 뼈로 무장한" 자들이다(Cf. A. Artaud, "Lettre à Jean Paulhan", 25 janvier 1936, *Œuvres*, p. 662 / 「ジャン・ポーランへの手紙」, 坂原眞里 訳, 『ユリイカ』, 1996年 12月号, pp. 104~105; *Pour en finir avec le jugement de Dieu*, in *Œuvres*, p. 1646 / 『神の裁きと訣別するため』, p. 28).

3) 참다운 신체의 투사

죽음이 유해하지 않게 되고 공포의 대상이지도 않게 된다는 것은 죽음이 가진 어떤 적극적인 규정성, 죽음에 의해 한계지어진 것만이 획득할 수 있는 힘에 대한 인식이 더 많아진다는 것이다. 그것은 신체를 불사로 이끌려는 삶의 존재 방식을 한정하는 죽음의 힘이다. 죽음의 힘은 동시에 삶의 힘이 되지만, 외부의 물체적인 것에 대해 행사되는 유능함과는 전혀 다른 힘을 삶에 부여한다. 죽음은 뺄셈도 삭감도 아니다. 분명 그것은 존재에 대해 무능력을 부여하지만, 하나의 삶 속에서 부정 없는 실재적 무능력으로 우리를 결정한다. 정신과 신체에 관한 존재의 무능력은 본질에 대한 최대의 역능을, 즉 본질을 변형하는 역능을 갖는다. 참으로 고귀한 욕망, 그것은 인간 본질의 변형을 바란다. 죽음으로 분절된 삶이 지속하는 동안에 그 욕망에 의해 불사를 감각하고 경험한다면, 그 욕망 자체가 본질을 변형하는 존재의 방식인 것이다.

인간 신체의 존재는 많은 경우 인간 신체의 본질로부터 분리되어 있다. 왜냐하면 일반적으로 인간 신체의 존재는 외부의 감각 가능한 것에 의해 그 변양을 더 많이 겪는 반면, 인간 신체의 본질은 감각될 수밖에 없는 것의 감각을 최대로 하기 때문이다. 그러므로 인간 신체의 본질은 존재화된 자연 내에서는 신체의 존재에 대해 오로지 추상적인 것에 계속해서 머문다. 이는 바꿔 말해서 아르토가 말하듯 인간이 자기의 신체를 변형하거나 변화시키는 것을 게을리하고 완전히 잊어버리는 것이다. 어떤 신체에서 다른 신체로 분신을 투사한다면, 즉 인간 본질을 변형한다면 인간 신체는 불사가 되고 정신은 이를 계속해서 의식한다. 즉 이러한 참다운 신체의 투사는 인간에게 이를테면 '본성-동일성장애' ── 인간이 불공가능성 아래에서 이접적으로 종합된 존재와 본질을 자기의 본성으로서 갖는 것 ── 라는 전염병을 초래하는 것이다. 그에 따라 이 신체의 존재는 본질을 변형하려는 충동을 그 결정된 존재 방식 속에서 받는다. 즉 정신은 공포를 뛰어넘어 잔혹할 정도로 인간 본질의 변형, 변질을 의식하지 않을 수 없게 되는 것이다. 아르토가 말하는 '분신', '다른 신체란 **존재**하지 않는 신체, 비-존재의 신체이며, **존재**하지 않는 양태적 변양을 표현하는 신체이다. 이 분신이 갖는 신체의 변양의 감각이 강도이고, 따라서 본질의 변형은 순수강도의 '강도=0'으로의 낙하 아래 감각되고 경험되어야 할 것이다.

강도는 존재의 깊이이지만, 존재의 깊이는 강도가 능동적으로 낙하하는 것을 우리가 얼마나 감각하느냐에 비례한다. 강도는 신체의 존재에서 생성하고, 그 본질에서 낙하하고 소멸하는데, 이렇게 생각할 수 있는 것도 신체의 존재가 그 본질을 촉발하고 변형하는 한에서이다. 이 경우 촉발, 변형 그것은 '탈기관체'라는 신체의 존재의 분신을 투여하는 것이다. 강도의 능동적 낙하는 본질의 변형의 과정이다. 이러한 분신에의 투여 혹은 욕망이 있는 한, 신체는 그 현실적 존재를, 태어나기 전에 하나의 죽음을 선택하고 그 사후에 하나의 삶을 선택하려는 '다른 신체'로 변화시키려고 한다. 그것이 양태로서 스스로 태어나고 자기의 내부에서 죽음이 생성하는 자기재생의 본성이다. **존재하지 않는 양태적 변양은 분신의 신체를 채우는 자기변양**이며, 또한 분신인 한, 그 존재의 방식에 따라 그 신체의 본질이 변형된다. 죽음을 사유하는 것은 죽음을 생각하고 도덕적으로 보다 선하게, 혹은 존재적으로 보다 강하게 사는 것이 아니다. 그것은 죽음을 매개로 하여 생생한 비물체적 변형을 삶 일반에 베푸는 것이 아닌 것이다. "죽음을 생각하라"Memento mori, 그것은 역으로 삶을 수단으로 하여 인간의 본성을 촉발하고 변형하라는 사유에 대한 명령이다. 죽음은 인간에게서의 공포(와 희망)에 의한 수동성의 체제와 그러한 수육의 체제를 낳는 인간 본성과의 결별을 진정 가능케 하는, 잔혹(과 무능력)에 의한 능동성의 체제로 우리를 이끌고 있는 것 같다. 죽음이 삶 속에서 발산하고 더 분열증화한다면 그만큼 초인=아귀가 이러한 장소로 귀환하는 것이 더 많이 이루어지는 것이다.

인간은 신체를 살아간다. 하지만 이는 **신체를 살아가는 존재**와는 다른 방식으로 **신체를 살아가는** 것이다. 이 양단의 '신체를 살아간다'는 것은 현실에 고정화된 항이 결코 아니다. 중요한 것은 양쪽은 사유상의 구별이지만, 이 구별 사이에서 생성변화는 사유의 외부에서 생기는 실재적인 것이라는 점이다. 전자는 하나의 존재의 방식이지만, 후자는 본질의 변형이 보여주는 것이다. 그것들 간의 '존재와는 다른 방식으로'는 환언하면 '비-존재의 방식으로'라는 것이다. 그러므로 후자의 '신체를 살아간다'를 무수히 많은 다른 존재의 방식으로 환원하거나 본질에서 혹은 본질 존재에서 신체를 살아가는 것이라고 생각해서는 안 된다. 만일 비-존재를 본질 혹은 본질 존재로서 긍정적=실정적實定的으로 규정한다면, 그것은 무제한판단 혹은 무제한표현에 맞서게 된다. 그렇지 않고 본질의 변형인 것이다. 본질은 본성적으로 본질의 변형이며, 그렇지 않다면 본질은 늘 본질 존재에 빠져버릴 것이다. 양태의 분신론에서 나는 그 '존재의 방식'이 '본질의 변형'을 포함한다고 생각한다. 그러나 '존재의 방식'에 의해서만 '본질의 변형'은 생겨나는 것이다. '존재의 방식'은 죽음에 의해 긍정적으로 한정되지만, 그 한정에 의해서만 본질을 변형하는 힘으로 결정되는 것이다. 다른 신체란 사전에 존재하는 실재의 항이 아니라, 본질의 변형을 자기의 개별적이고 특이한 본질로 만드는 존재의 방식이다. 유일한 실재, 그것은 '존재와는 다른 방식으로'라는 절대적인 사이에서의 신체의 생성변화이다. 참다운 신체의 투사[28] —— 그 인간은 전신을 드러내고 서 있다. 그것은 신체의 존재이므로 물체적으로도 비물체적으로도, 즉 정신적으로 조건지어지고 신체적으로 속박

---

28) 아르토가 완성시킨 마지막 데생의 표제명(no. 110). Cf. P. Thévenin, "La recherche d'un monde perdu", P. Thévenin & J. Derrida, *Antonin Artaud, Dessins et portraits*, pp. 44~45 / 『デッサンと肖像』, pp. 39~40.

될 가능성이 있는 존재이다. 실제로 그것은 손에는 수갑이 채워지고 발은 쇠사슬에 묶이며 병사는 화염방사기로 흉부가 타버리는 것 같은 신체의 존재이다. 하지만 그의 결박된 손으로부터는 하나의 끈(팽이를 돌리는 끈)이 공간을 가로지르고 있는데, 그의 피와 뼈는 그것을 타고 그의 분신을 형성한다. 분신은 비스듬히 기울어 바로 팽이처럼 급회전하는데, 그 신체를 사방팔방으로 투사하는 모습은 바로 기관들을 분출시키고 있는 듯하다. 그러나 그와 동시에 그 투사는 사방팔방에서 강도가 빗발치듯이 낙하하여 그 신체가 무한진동하는 모습이기도 하다. 병사들은 그런 소란스런 신체의 본질을, 즉 실재적이기는 하지만 비물체적인 변형의 신체를 진혀 알아채지 못한다. 왼쪽에 그려진 그의 신체의 존재에도 이 분신의 힘이 반영되고, 무릎뼈를 돌기시킨 무릎으로부터는 분신과 동일한 투사와 낙하, 진동이 느껴진다. 이는 분신의 오른쪽 어깨에서 나온 끈이 그 무릎을 향해 있는 것으로부터도 이해할 수 있다. 그것은 분신이라는 '반대의 것'이 인간의 겉 부분이 되는 순간이다. 그의 신체는 불멸하다. 죽음의 철학은 무능력에 관한 역설의 철학이며, 인간 본성을 뿌리째 뽑는 잔혹의 철학이다.

　　──사자死者의 무도舞蹈는 탈기관체의 무도로 대체된다.

맺음말

본서는 바로 하나의 삶 속에 죽음의 관념을 주입하면서, 또한 그 관념을 서서히 변화시키면서 성립했다고 할 수 있다. 그것은 동시에 내 안에서 삶과 불사의 관념이 변화하는 과정이기도 했다. 이 1년간 나는 본서의 완성에 전력을 기울였다. 몹시 험하고 곤란한 길이었지만, 지금은 간신히 출판하게 된 기쁨을 느끼면서도 다른 과제가 명확히 드러난 데 따른 충동도 느끼고 있다. 이 책은 죽음에 관한 고찰, 죽음을 둘러싼 철학이 아니다. 본서는 하나의 죽음을 구성한다는 의미에서 '죽음의 철학'이며, 그런 한에서 이를테면 새로운 실천철학의 기획이다.

본서는 거의 새로 쓴 것인데, 「스피노자와 분열분석적 사유─그 세 가지 철학적 문제군」[1]이라는 기존의 텍스트를 해체·재구성하여 특히 「욕망하는 병행론·분신론」의 세 가지 규정 부분에 이용했

---

1) 「スピノザと分裂分析的思考 ── その三つの哲学的問題群」, 『情況』, 情況出版, 2004年 7月 号 수록.

다. 만일 경험주의적 병행론이라는 나의 착상을 신속히 이해하고 싶은 독자가 있다면 이 논문을 읽어주시길 바란다. 또한 본서의 탈고 후에 쓴 「들뢰즈와 죽음의 철학」[2]은 이 책의 개요적인 의의를 가진 에세이이기도 하니 함께 읽어주시면 좋겠다. 한 가지 더. 본서에서는 하나의 시도로서 독자의 편의를 도모하여 텍스트의 내용 이해가 조금이라도 용이해지도록 「『죽음의 철학』 주요개념집」이라는 것을 작성하고 목차 뒤에 실었다. 다만 가능하면 이것을 처음부터 읽지 말고 어느 정도 읽으신 후에 활용해주시길 바란다.

마지막으로 가와데쇼보신샤 편집부의 아베 하루마사阿部晴政 씨께는 이 자리를 빌려 감사의 말씀을 올리고 싶다. 특히 본서의 내용과 서식에 관해서는 내 뜻을 전면적으로 받아들여주셨다. 정말로 감사드린다. 아베 씨의 최초의 제안, 그 후의 조언과 격려, 그리고 이러한 허락이 없었다면 본서는 아마도 성립하지 못했을 것이다.

2005년 10월

에가와 다카오

---

2) 「ドゥルーズと死の哲学」, 『ドゥルーズ―KAWADE道の手帖』, 河出書房新社, 2005.

옮긴이 후기

본서는 일본의 철학자 에가와 다카오江川隆男의 두 번째 단행본을 번역한 것이다. 올해 1월에 그의 첫 번째 저작『존재와 차이: 들뢰즈의 선험적 경험론』의 번역본이 간행되었으니 연초와 연말을 에가와의 작품과 함께 한 셈이다. 그러니 개인적으로 나쁘지 않은 한 해였다고 생각한다.

그는 일본의 사상계에서 치밀하고 가차 없는 사유로 정평이 나 있는 인물이다. 특히 전작『존재와 차이』(2003)의 등장은 일본 사상계의 지형을 바꾸어놓을 정도로 충격적이었다. 들뢰즈와 스피노자의 철학으로써 하나의 '에티카', 영원한 비종속을 위한 선험철학을 구성하는 시도였지만, '사유의 방향성'이라는 과제가 유예되어 있었다. 에가와 자신이 "몹시 험하고 곤란한 길"이었다고 회고한 이 문제를 극복해낸 결과가 본서(2005)의 성립이다.

그는 묻는다. "인간 본성의 변화 또는 인간 본질의 변형을 실재적으로 가능케 하는 요소를 어떻게 우리 자신이 발생시킬" 수 있는지. "본질의 변형을 발생시키는 실재적 요소로서 인간의 존재의 방식이란 어떠한 것"인지. '존재의 방식'은 곧 '생존의 양식'이고, '본질의 변형'은 즉 '반-효과화'와 다름없다. "인간 본성의 전형"이란 "궁극적으로는 존재의 방식에 의한 본질의 촉발"로 볼 수 있으며, 생존의 양식을 변화시키면 개체적 본질을 실재적으로 변형시킬 수 있다는 것이다. 스피노자의 '3종 인식', 아르토의 '잔혹연극'이 지향하는 바이기도 하다.

스피노자는 말한다. "우리는 이 삶에서 특히 유아기의 신체를, 그 본성이 허락하는 한 또한 그 본성에 도움이 되는 한 가장 많은 것에 유능한 다른 신체로, 그리고 자기와 신과 사물에 관해 가장 많은 것을 의식하는 정신에 관계하는 다른 신체로 변화시키려고 애쓴다." 이를 위해서는 죽음을 사유해야 한다. "죽음의 관념을 일그러뜨리고 죽음 그 자체를 구부려"야 한다. 이러한 죽음이야말로 "하나의 불사의 경험을, 혹은 생사횡단적인trans-vie-mort 위상을 보여주"기 때문이다.

저자가 말하듯 "이 책은 죽음에 관한 고찰, 죽음을 둘러싼 철학이 아니다. 본서는 하나의 죽음을 구성한다는 의미에서 '죽음의 철학'이며, 그런 한에서 이를테면 새로운 실천철학의 기획이다." 들뢰즈의 철학은 '생生의 철학'이다. 존재의 방식 혹은 생존의 양식의 형성이라는 문제의식이 내재되고, 그에 대응하는 '죽음' 혹은 '불사'의 관념도 포함될 수밖에 없다. 그런 의미에서 죽음의 철학은 생의 철학을 보완하면서도 생의 철학만으로는 구성할 수 없는 물음을 제기할 수 있는 것이다.

원서의 출간으로부터 14년이 지난 지금, 저자는 『초인의 윤리: '철학하기' 입문』(2013)과 『안티-모랄리아: '탈기관체'의 철학』(2014)을 거쳐 『스피노자 『에티카』 강의: 비판과 창조의 사유를 위하여』(2019), 『모든 것은 항상 다른 것이다: '신체-전쟁기계'론』(2019) 등을 내놓으며 새로운 단계의 사유를 펼치고 있다. 본서가 당시의 펄펄 끓는 증기까지 담지 못하는 것은 아쉽지만, 여전히 김이 모락모락 나는 그의 사상적 기반이 담겨 있다고 확신한다. 그 자신도 다음 저작까지 약 7년간 열기를 식힐 시간이 필요했던 것 같다. 한국의 사상계가 에가와 다카오라는 불온하고 잔혹한 철학에 촉발되기를 바라 마지않는다.

2019년 12월

이규원

찾아보기